保育現場における
困りごと相談ハンドブック

保育士・保育教諭のお悩み解決のために

著　木元 有香（弁護士・保育教諭）

新日本法規

はしがき

　本書は、保育士・保育教諭の困りごとを設問にし、保育教諭の資格を有する弁護士が、法的観点から回答・解説したものです。

　本書ができたきっかけは、全国認定こども園協会様において筆者が担当した研修（ステップアップ研修会Ⅱ「危機管理・法令遵守」）後のアンケートで、「会員からの質問を集めて一冊の本にしてほしい」というご要望をいただいたことでした。

　困りごとは、執筆協力者のほか、複数の保育団体・保育施設から広く募集し、現実に保育士・保育教諭がお悩みの問題を、どなたのお悩みかが特定されないように抽象化させて、設問にしました。

　全て、現場の保育士・保育教諭の現実の問題を題材にしているため、教科書的な事例とは異なり、回答・解説が難しい設問も多々ございました。また、類書に例を見ないほど生々しい設問もございます。

　労務の問題については、前著「幼稚園・保育所・認定こども園のための法律ガイド」（フレーベル館・2018年）でも取り上げましたが、やはり、お悩みが多いようでしたので、設問数を増やし、厚く解説しております。労務問題では、使用者側（園経営者）と労働者側（保育士・保育教諭）との利害が対立する状況がしばしば生じます。本書では、中立的な立場で、法的観点からあるべき姿を回答・解説しておりますので、どうぞ、本書を園経営者と、保育士・保育教諭とのいずれの方々にも読んでいただき、本書がより良い労使関係を築く一助となれば幸いです。

　補助金や人材育成についてのお悩みは、筆者が日頃からお世話になっている専門家の方々に、コラムとして執筆していただきました。

　「他園の園長からのアドバイス」や「先輩保育士・保育教諭からのアドバイス」の作成にあたっては、執筆協力者の方々に多大なるお力添えをいただきました。

本書が現場の保育士・保育教諭のお悩みの解消に役立ち、より一層充実した教育・保育の提供に役立つことを切に望みます。

　最後に、本書の刊行にあたり、ご協力をいただいた執筆協力者の方々、困りごとの情報を提供して下さった保育団体・保育施設の方々、いつも多大な示唆を下さる鳥飼総合法律事務所の所長・鳥飼重和弁護士、本書作成の細部にわたりご尽力いただいた新日本法規出版株式会社の担当編集者の中井彰紀氏及び関係の皆様に、この場を借りて、厚く御礼申し上げます。

　令和元年10月

　　　　　　　鳥飼総合法律事務所
　　　　　　　　弁護士・保育教諭　木 元 有 香

著者略歴

木元 有香（きもと ゆか）

- 2005年　東京大学法学部卒
- 2007年　東京大学法科大学院修了、司法試験合格
- 2008年　最高裁判所司法修習修了、弁護士登録
- 2014年　保育士資格取得・登録
- 2018年　幼稚園教諭一種免許状取得

〈所属事務所〉

〒101-0052　東京都千代田区神田小川町1-3-1
　　　　　　NBF小川町ビルディング6階　鳥飼総合法律事務所

〈主な著書〉

『幼稚園・保育所・認定こども園のための法律ガイド』（フレーベル館）著、『企業のうつ病対策ハンドブック』（信山社）共著、『最新情報を図で読み解く　会社清算の法務＆税務　改訂増補版』（税務経理協会）共著、『Ｑ＆Ａ　外国人をめぐる法律相談』（新日本法規出版）共著、『ここが変わる！！新たな税務調査手続への対応』（ぎょうせい）共著、『改正社会福祉法で社会福祉法人の法務・財務はこう変わる！』（清文社）共著、『ハラスメントの事件対応の手引き』（日本加除出版）共著、『Ｑ＆Ａ　社会福祉法人制度改革対応ガイド』（ぎょうせい）共著、『日経ＭＯＯＫ　社長のための残業時間規制対策』（日本経済新聞出版社）共著、『迷ったときに開く　実務に活かす印紙税の実践と応用』（新日本法規出版）共著

《執筆協力》

〈団　体〉
特定非営利活動法人全国認定こども園協会の会員園の皆様

社会福祉法人萌樹会里仁育舎の保育士の皆様

〈個　人〉（五十音順）

長田　安司（社会福祉法人同志舎　理事長）

桑戸　真二（株式会社福祉総研　代表取締役）

小出　正治（特定非営利活動法人福祉総合評価機構　常務理事）
　　　　　＊コラム執筆

佐藤　敦子（社会福祉法人萌樹会　理事長、里仁育舎　園長）

佐藤　哲哉（社会福祉法人毛里田睦会麻生むつみ保育園　園長）

橋本　直樹（学校法人上野山学園　うえのやま学園認定こども園　園長）

長谷川　俊道（社会福祉法人毛里田睦会　理事長、毛里田こども園　園長）

松本　和也（株式会社福祉総研　代表取締役）
　　　　　＊コラム執筆

安岡　知子（社会保険労務士法人人財総研　役員、特定社会保険労務士）
　　　　　＊コラム執筆

略　語　表

＜法令等の表記＞

　根拠となる法令等の略記例及び略語は次のとおりです（〔　〕は本文中の略語を示します。）。

　育児休業、介護休業等育児又は家族介護を行う労働者の福祉に関する法律第6条第1項第1号＝育児介護6①一

　平成29年3月31日厚生労働省告示第117号＝平29・3・31厚労告117

　平成18年3月31日基発第0331001号＝平18・3・31基発0331001

育児介護〔育児・介護休業法〕	育児休業、介護休業等育児又は家族介護を行う労働者の福祉に関する法律	配偶者暴力	配偶者からの暴力の防止及び被害者の保護等に関する法律
育児介護則	育児休業、介護休業等育児又は家族介護を行う労働者の福祉に関する法律施行規則	発達障害	発達障害者支援法
		発達障害令	発達障害者支援法施行令
		発達障害則	発達障害者支援法施行規則
刑	刑法	民	民法
刑訴	刑事訴訟法	労基	労働基準法
雇均	雇用の分野における男女の均等な機会及び待遇の確保等に関する法律	労基則	労働基準法施行規則
		労契	労働契約法
		労災	労働者災害補償保険法
子育て支援	子ども・子育て支援法	労働施策総合推進	労働施策の総合的な推進並びに労働者の雇用の安定及び職業生活の充実等に関する法律
児童虐待〔児童虐待防止法〕	児童虐待の防止等に関する法律		
消費契約	消費者契約法		
職安	職業安定法		
職安則	職業安定法施行規則		

＜判例の表記＞

　根拠となる判例の略記例及び出典の略称は次のとおりです。

　最高裁判所平成17年12月6日決定、判例タイムズ1207号147頁
　＝最決平17・12・6判タ1207・147

判時	判例時報	民集	最高裁判所民事判例集
判タ	判例タイムズ	労判	労働判例
家月	家庭裁判月報	労民	労働関係民事裁判例集

＜保育士・保育教諭の表記＞

　本書では各項目の初出箇所を除いて、以下の略称を使用しています。

　　保育者　＝　保育士・保育教諭

目　次

第1章　保育に関する相談

第1　保育の内容・危機管理

ページ

1　宗教上、行えない活動（クリスマス会・足の下をくぐる運動等）への対応は ………………………………………… 3

2　遠足時にお弁当を誤配してしまったら ………………………… 7

3　園と提携している教室で園児が怪我をしたら ……………… 12

4　年長組は自分の物を自分で管理しているが、その私物が失くなった場合は ………………………………………… 15

5　事前にお迎えの変更を伝えてもらえず、いつもと違う人が迎えに来た場合は ………………………………………… 19

第2　アレルギー・給食

6　アレルギー食の解除につき保護者が診断書を持ってこない場合は ……………………………………………………… 22

7　宗教上食べられない食材があると聞いたら …………………… 25

第3　園児の怪我・園児同士のケンカ

8　園児同士のケンカにより一方の園児が怪我をしてしまったら ………………………………………………………………… 29

9　園での怪我の後に適切に処置されなかったために傷跡が残ったとクレームを言われたら ……………………………… 33

第4 発達障害

10 個性と発達障害の見極めが難しく適切な関わり方が分からない場合は ·· 36

11 集団の中で気になる（発達障害の疑いがある）園児の保護者へどのように伝えるべきか ································ 39

第5 虐待児

12 虐待の疑いのある園児がいたら ···························· 42

13 父子家庭の園児にネグレクトの疑いがあるが家庭訪問ができなかったら ·· 45

第6 問題行動のある園児

14 問題行動を頻繁に起こす園児がいたら ······················ 49

15 乱暴な言葉を使ったり他の子に手を出したりする園児について、その保護者に伝えても認めなかったら ·············· 55

第2章　保護者対応に関する相談

第1 保護者からの要望

16 園児の発達に合っていない遊具で遊ばせないことにつきクレームを言う保護者への対応は ·························· 61

17 保護者より○○ちゃん（特定の園児）と遊ばせないでほしいと言われた場合の対応は ································ 65

18 保護者からの午睡をさせないでほしい、午睡をさせてほしい等、個別の要望にどう応えたらよいか ·················· 69

第2 保護者への要望

19 園児の身なりや湿疹などに無関心な保護者への対応方法は ·· 74

20 園の貸出しの衣服を何度言っても返却しない保護者への対応は ··· 78

21 お迎え時のマナーやモラルに問題がある保護者がいたら ······· 81

第3 保護者と保育士・保育教諭との問題

22 男性保育士・保育教諭が女性保護者と不倫し、女性保護者と離婚協議中の男性保護者から保育者と園が訴えられたら ··· 84

23 何かとクレームをつけてくる保護者がいたら ················ 87

第4 保護者同士の問題

24 一方の親からもう一方の親が迎えに来ても園児に会わせないでほしいと言われたら ····································· 91

25 園児の保護者同士のトラブルを園に相談された場合どうすればよいか ··· 95

第3章 保育士・保育教諭の労務に関する相談

第1 採用

26 人材紹介会社を通じて雇用した保育士・保育教諭が無断欠勤を繰り返し、6日しか勤務しなかったのに紹介料の50%しか返金しない契約となっていたら ···················· 101

コラム 新人や中途で入ってきた職員への指導はどのように行うべきか ·· 105

第2　シフト・勤務体系

27　育休を経て職場復帰する時短勤務保育士・保育教諭への
　　フォローは ··· 108

　コラム　職員の個別事情に応じた柔軟なシフトへの対応と
　　　　　ポイントは ··· 111

第3　保育士・保育教諭の服務規律

28　出勤時間に遅刻を繰り返す保育士・保育教諭がいたら ········ 114
29　目に余る服装をしてくる保育士・保育教諭に対して制限
　　を設けたい場合は ··· 117
30　保育士・保育教諭と保護者との連絡先交換を禁止したい
　　が ··· 120

第4　保育士・保育教諭の処遇・研修

31　研修代が園の負担でない上に有給休暇を使わなければな
　　らない場合は ·· 123
32　正規保育士・保育教諭との待遇の差に不満がある場合は ···· 126

第5　労働時間・残業

33　始業時刻前の環境整備を労働時間に算入していないが ········ 130
34　所定の勤務時間を1分でも過ぎたら残業代がもらえるのか ··· 133
35　園としては禁止しているにもかかわらず保育士・保育教
　　諭が持ち帰り残業をしていたら ····································· 136
36　長時間労働を繰り返している保育士・保育教諭を早く帰
　　したいが ·· 139

第6　休憩時間

37　保育士・保育教諭によって休憩時間の認識が異なるが ········ 143

38 休憩時間中の保育士・保育教諭の外出を原則禁止にできるか ……………………………………………………………… 147

第7 副業・兼業
39 休日を利用して副業でベビーシッターをしたい場合は ……… 150
40 休日に他園で働きたい場合は …………………………………… 153

第8 有給休暇
41 有給休暇の買上げを求められるか ……………………………… 156
42 園のイベント時期と重なったため有給休暇の取得時季を変更するよう言われたら ……………………………………… 159

第9 メンタルヘルス・休職
43 メンタルヘルス不調の疑いのある保育士・保育教諭に対して医師への受診や休職を勧めたいが ……………………… 162
44 うつ病休職中に妊娠した保育士・保育教諭がいたら ………… 166

第10 配置転換
45 保育士・保育教諭として雇用したが適性がないため事務職員に配置転換したいが ………………………………………… 171
46 職場結婚した保育士・保育教諭は必ず配置転換しなければならないか ……………………………………………………… 174

第11 退職
47 何日前に申出をすれば問題なく辞められるか ………………… 177
48 最後に有給休暇を使って辞職したいときは …………………… 180
49 退職を一定期間前に告げたのに借上社宅退去の申出期間が退去6か月前になっていたら ……………………………… 183

50 就業規則どおりに退職を申し出たにもかかわらず辞めた後の損害賠償を請求されたら……………………… 186

第12 解　雇

51 過去に自己破産している保育士・保育教諭を辞めさせたいが…………………………………………………………… 189
52 試用期間中の保育士・保育教諭が過去にうつ病休職をしていることが分かったので辞めさせたいが……………… 192
53 園の保育理念に沿わない保育士・保育教諭を退職させたいが…………………………………………………………… 195

> コラム　処遇改善制度は保育所職員に幸福をもたらしたか …… 199

第4章　保育士・保育教諭のトラブル・人間関係に関する相談

第1　事　故
54 保育士・保育教諭が通勤途中で事故に遭ってしまったら …… 203
55 保育士・保育教諭が帰宅中に自転車で事故を起こしてしまったので園の保険を使いたいが ……………………… 208

第2　不祥事
56 保育士・保育教諭の財布からお金が失くなったと騒ぎになっていたら ………………………………………………… 211
57 保育士・保育教諭の間である保育者が虐待しているのではとのうわさがあったら …………………………………… 214
58 男性保育士・保育教諭が園児にわいせつ行為を行っていたことが発覚したら ……………………………………… 217

第3 人間関係

- 59 高齢で園にほとんど出勤しない園長がいたら …………… 221
- 60 園内でパワハラを受けていたら ………………………………… 224
- 61 保育士・保育教諭がDV被害に遭っていたら ……………… 227
- 62 コミュニケーションの一環として原則参加の飲み会を開催したいが ……………………………………………………………… 231
- コラム 職場の人間関係をより良くするにはどのような工夫をすればよいか ………………………………………………… 233

第5章 近隣対応・行政対応に関する相談

第1 近隣対応

- 63 園の開設を近隣住民から反対されていたら ……………… 237
- 64 公園を使用している際、近隣の方からクレームがきたら …… 241
- 65 園が借り上げている駐車場内で車同士が接触する事故が起きてしまったら ………………………………………………… 245

第2 行政対応

- 66 保育内容（ある園児への配慮）について地方自治体の監査で指摘を受けてしまったら ……………………………… 248

索 引

- ・事項索引 ……………………………………………………………… 257

第 1 章

保育に関する相談

第1 保育の内容・危機管理

1 宗教上、行えない活動（クリスマス会・足の下をくぐる運動等）への対応は

相談内容　当園に外国籍の園児がいます。その園児の信仰している宗教では、クリスマスを祝うことや、運動の際、足の下をくぐること等は禁止されているようです。

園のクリスマス会や、足の下をくぐる運動の際に、この園児に対して、園はどのような対応をしたらよいでしょうか。

ポイント

① 園の対応はケースバイケースですが、保護者とよく話合いをすることが大前提となります。
② 園には外国籍家庭の保護者支援も求められていますので、関係機関と協力しながら、できる限りの支援に努めましょう。

回　答

1 困りごとの診断

本ケースでは、外国籍の園児が宗教上行えない活動につき、どのように対応したらよいかをお悩みです。

まず、日本国憲法20条の信教の自由は、その権利の性質上、外国籍の者にも保障されていると考えられています。

そこで、その園児の信教の自由を侵害することのないよう、園としては配慮することが求められます。

具体的には、園児の保護者とよく話し合い、何が宗教上禁止されて

いて、代わりに何をすれば宗教上問題がないのかを確認しましょう。

また、宗教上の理由に限らず、マナーやエチケット、慣習の問題にも気を配る必要があります。例えば、タイでは、人の頭は「精霊が宿る場所」として神聖視されています。子どもの頭を優しく撫でるのは、近年では問題ないようですが、不用意に園児の頭をポンポンと軽くたたくようなことはしないでください。

その園児の宗教について細かく教えてもらい、また、母国でマナー違反とされる習慣を知って、園児への人権侵害がないようにしましょう。

2　対応方法

まずは、園児の保護者から、何が宗教上禁止されていて、代わりに何をすれば宗教上問題がないのかを聞き取りましょう。

本ケースでは、足の下をくぐる運動はできないということです。その運動の際は、園児には見学をしてもらい、他の運動をする際にはまた参加してもらう、ということでよいかを保護者に確認してください。個別的な対応が必要となります。

本ケースのクリスマス会にしても、園としてはこのような内容のプログラムを予定しているが、例えば、サンタクロースが登場する前のパネルシアターまでであれば参加できるのか、それとも、クリスマスを祝う歌の場面だけ退席すれば問題ないのか等を細かく聞き取りましょう。

行事の日は休ませたいと保護者が言った場合は、園としては保護者の判断を尊重するほかありません。しかし、そうでない限りは、園児ができる限り他の園児と一緒にクリスマス会に参加できるように工夫することができるのではないかと考えます。

3　再発防止策

　近年の外国人労働者の増加に伴い、外国籍の園児は珍しくなくなりました。

　保育所保育指針（第2章4(1)オ・第4章2(2)ウ）や幼保連携型認定こども園教育・保育要領（第2章第4・2(5)・第4章第2・7）にも、外国籍家庭など、特別な配慮を必要とする家庭の場合には、状況等に応じて個別の支援を行うよう努めることが定められています。

　市町村や外国人定住者を支援する団体などと連携を図り、外国籍の保護者と園児とが、円滑な日常生活を送ることができるよう、園としてもできる限りの協力をしましょう。

先輩保育士・保育教諭からのアドバイス

　入園説明会の際に、その行事の本来の目的・意義・宗教的観点からの説明を保護者に行い、理解を求めます。クリスマス会をやらない、又は、あまり知られていない宗教行事を行う場合も同様にします。
　そのほか、園だよりの中で、丁寧に説明します。
　園によっては、重要事項説明書の中に明記し、同意書をとっている園もあります。

参考法令
○保育所保育指針（平29・3・31厚労告117）
　第2章　保育の内容
　4　保育の実施に関して留意すべき事項
　(1)　保育全般に関わる配慮事項
　　　オ　子どもの国籍や文化の違いを認め、互いに尊重する心を育てるようにすること。
　第4章　子育て支援
　2　保育所を利用している保護者に対する子育て支援

    (2) 保護者の状況に配慮した個別の支援
　　　ウ　外国籍家庭など、特別な配慮を必要とする家庭の場合には、状況等に応じて個別の支援を行うよう努めること。

○幼保連携型認定こども園教育・保育要領（平29・3・31内閣・文科・厚労告1）
　第2章　ねらい及び内容並びに配慮事項
　第4　教育及び保育の実施に関する配慮事項
　　2　幼保連携型認定こども園における教育及び保育の全般において以下の事項に配慮するものとする。
　　　(5)　園児の国籍や文化の違いを認め、互いに尊重する心を育てるようにすること。
　第4章　子育ての支援
　第2　幼保連携型認定こども園の園児の保護者に対する子育ての支援
　　7　外国籍家庭など、特別な配慮を必要とする家庭の場合には、状況等に応じて個別の支援を行うよう努めること。

2　遠足時にお弁当を誤配してしまったら

相談内容　当園では、年に一度の遠足時には、家庭からお弁当を持ってくるよう、お願いをしています。

1歳児クラスで、保育士・保育教諭が、あらかじめお弁当を園児のバッグから出して、1か所に集めました。その際、お弁当包みやお弁当袋に記名のないものには、付箋に記名してお弁当包みやお弁当袋に貼ったのですが、途中で付箋が剥がれ、間違って貼り直したようで、昼食時にお弁当を配り間違えてしまいました。

間違ったお弁当を配られた園児の保護者が、帰り支度中に気が付き、保育者に知らせてくれたため配り間違いに気が付いたのですが、どのように対応すべきでしょうか。

ポイント

① 保育者は、両方の園児の保護者に食物アレルギーの有無と、お弁当の内容、それが他方にとって初めて食べる食材か否かを確認します。食物アレルギーの原因となる食材や初めて食べる食材があった場合は、その後の園児の体調に異変はないかを確かめます。

② 把握した事実を保護者に報告した上で謝罪し、食中毒の症状や、異変はないかを引き続き確認してほしいことを伝えます。園としては原因を分析し、再発防止策を考えます。

回答

1　困りごとの診断

本ケースでは、まず、お弁当を1か所に集めた際、お弁当袋や包みに

貼ると剥がれやすい、付箋に記名して貼った点が間違いでした。また、付箋がどの時点で剥がれ落ちたかは不明ですが、それを貼り戻した保育者が、お弁当を集めた保育者に確認する手間を省いた点にも問題があります。

　お弁当の配り間違いにより、食物アレルギーの原因食物を摂取していないか、また、まだ1〜2歳児なので、食べたことのない食物を食べていないかも問題となります。

　お弁当を1か所に集めたのは、運ぶ都合や適切な温度管理（10℃以下）のためであったと考えられるため、お弁当の保管中の菌の増殖は避けられたと考えられます。しかし、そもそものお弁当の作り方が衛生的に間違っていた場合に備え、食中毒の発生にも注意が必要です。

　保護者の心配、落胆や困惑に対する謝罪も必要でしょう。

2　対応方法

（1）　状況と経緯の把握

　まずは、どの園児間でお弁当の配り間違いが起きたかを調べます。

　次に、両園児に食物アレルギーがないかを、園に提出されたアレルギー申告表や保護者からの聞き取りで確認します。同時に、お弁当の内容もできる限り詳細に聞き取ってください。

　その上で、一方のお弁当の内容に、他方にとっての食物アレルギーの原因食物がないか、初めて食べる食物がないかを調べます。

　食物アレルギーの原因食物や、初めて食べる食物があった場合は、その後の園児の体調に異変はないかを確認してください。

　同時に、どうしてお弁当の配り間違いが起きたのか、関係した保育者から事情を聞き取ります。

（2）　園児と保護者への対応

　まだお迎えが来ていない園児については、体調に異変がないかを引

き続き観察します。

　園児のお迎えが来た際には、保護者に、お弁当の配り間違いの事実と原因を伝え、お弁当の内容等、上記(1)の内容を聞き取り、園児の体調を引き続き観察し、異常があれば医療機関に受診してほしいこと、及びその後の園への連絡をお願いします。お弁当の配り間違いの責任は園にありますので、園は受診費用やその他の損害を賠償することになります。

　自分の関知していない物を子どもが食べて体調を崩すかもしれないという保護者の心配、我が子のために時間と労力を注いだお弁当が、我が子に食べてもらえなかった保護者の無念や落胆、さらには、自分の作ったお弁当が他の園児に問題を生じさせたかもしれないという保護者の不安や困惑に対する謝罪も必要であると考えます。

3　再発防止策

　お弁当持参の遠足など、日常の保育と異なる保育を行う場合には、日常の保育以上の保育者の配慮が求められます。特に、0〜2歳児については、園児自身が自分のお弁当を正しく識別することは到底期待できません。その分、保育者によるお弁当の厳格な管理が求められます。

　お弁当箱だけ家から持参し、中身は園の給食を詰めるという方式を採る園もあります。

　お弁当持参の意義をどう捉えるのか、それにより求められる保育者の配慮などを見直し、お弁当の配り間違いの起こらない仕組みを整えることが必要となります(参考：東京都福祉保健局ホームページ「食品安全FAQ＞お弁当をつくるときに、どのようなことに気を付ければよいですか？(2014.3.12)」、農林水産省ホームページ「さらば食中毒！お弁当づくりの知恵」)。

他園の園長からのアドバイス

　年に数回あるお弁当の日には、必ずお弁当袋に保冷剤を入れてきてもらい、園児の決まった椅子に掛けておきます。お弁当箱への記名は、よく消えてしまうので、お弁当袋への記名が重要です。
　また、3歳以上児には、自分で自分のお弁当が認識できるように、園児を集めて「これ誰の？」と保育者がお弁当袋を見せて問いかけ、「ぼくの！」「わたしの！」と覚えられるように工夫をしています。

第1章 保育に関する相談

参考資料
○社会福祉施設等における感染症及び食中毒発生時の対応（例）

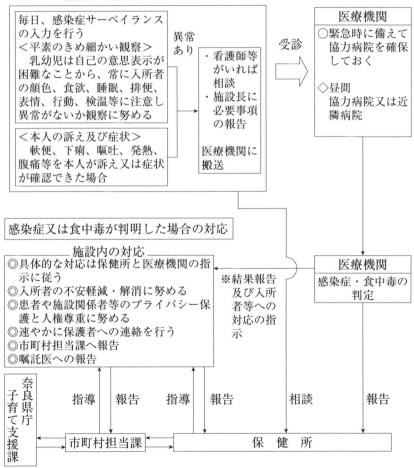

（出典：奈良県健康福祉部こども・女性局子育て支援課「保育所等における給食の手引」（平成28年3月）15頁）

3 園と提携している教室で園児が怪我をしたら

相談内容 当園では体操教室やサッカー教室と連携しており、正規の授業の一環として、園の施設を使用して体操教室やサッカー教室の講師に授業を行ってもらっています。

その他、希望者については、課外授業として保護者が任意で月謝を払い、体操教室やサッカー教室に園児を出席させています。

そのような体操教室やサッカー教室に園児を預けている際に園児が怪我をしたら、園や保育士・保育教諭は責任を負うのでしょうか。

ポイント

① 怪我の責任を園が負うか否かは、正規の授業か課外の授業か、園の施設の不備によるものか否か等の事情により、結論が異なります。
② あらかじめ教室の運営会社と園とで責任分担を明確にし、保護者に対しても注意喚起しておくことが望ましいでしょう。

回 答

1 困りごとの診断

本ケースでは、園の施設を使用しているので、どこまで園が責任を負わなければならないのかをお悩みです。

正規の授業なのか課外の授業なのか、保育者が同席しているのかいないのか、園児の怪我が、園の施設の整備不足や不備によるものでないか、など、細かい事情で結論が異なります。

ケースごとに分けて考える必要があります。

2　対応方法

　まずは、正規の授業なのか、課外の授業なのかで分けて考えると、正規の授業であれば、当然、保育者も同席し、一緒に園児の教育・保育に当たっていたと考えられます。そのため、講師に指導を任せていたとしても、それは、園が講師（教室の運営会社）との契約で、指導を任せていたにすぎません。園児の安全については、保護者との契約をした園（私立認可保育所の場合は、市町村より委託を受けた園）が責任を持つことになります。

　他方、課外の授業であれば、講師や教室の運営会社が、保護者との契約関係に基づき、園児の安全に責任を持つことになります。

　次に、園の施設の整備不足や不備の有無に着目して考えると、課外の授業であった場合でも、施設の瑕疵が原因で園児が怪我をした場合には、園は責任を負います。

　例えば、サッカーの課外教室で使用する園のグラウンドの出入り口が、小さな子どもが簡単に出入りできる門になっていた場合に、グラウンド外に出たボールを追って、園児が門から飛び出し、事故が起こったとします。

　この場合、園のグラウンドの出入り口の門は、小さな子どもが一人で簡単に出入りできるようになっていた点が、安全性を欠いていた（瑕疵があった）と認定され、園が責任を負うおそれがあります。鍵や大人が操作しないと開かないような仕組みにする必要があったといえます。

　このように、課外の授業といえども、気を抜かずに、園の施設の安全を確認してください。

　なお、上記のようなケースでは、サッカー教室の講師も、園児が勝手にグラウンド外に出ていかないように園児の安全に配慮する義務を

負っており、事故の結果については、園と教室の運営会社との両者が連帯して責任を負うことになると考えられます。

3 再発防止策

　教室の運営会社との間の契約で明確に責任分担を決めておくことが重要です。

　課外の授業であっても、園で行われるため、保護者は、園が責任を負うと思い込む可能性もあります。

　保護者に対しても、教室の運営会社と決めた責任分担を明確にしておいてください。例えば、園のしおりに、「課外授業中の園児の事故は、園が管理するグラウンド自体に瑕疵がある場合の他は、園は一切責任を負いません」等を明記することが考えられます。

　教室の運営会社ともよくコミュニケーションを取り合って、例えば、講師が教室中に気づいた危ない点は、園に知らせてもらえるようにしておくことも重要です。

　両者が協力して、安全な中で園児により良い教育・保育を提供できるようにする必要があります。

先輩保育士・保育教諭からのアドバイス

　園は、事実確認を行い、保護者向けの説明会を開催します。関係する全ての保護者にご参加いただけるよう、複数日程を設定することが重要です。

　場合によっては外部委託先（体操教室やサッカー教室の運営会社）の担当者と指導員を同席させます。

　上記の対応で保護者が納得しない場合は、外部（行政、弁護士、民生委員等）の第三者を交えた検討会を開催し、事実確認を行い、丁寧に説明をします。

4 年長組は自分の物を自分で管理しているが、その私物が失くなった場合は

相談内容　当園では、年長組は自分の物を自分で管理するようにしています。

ところが、その私物が失くなるケースが時々あり、誰に責任があり、誰が弁償をすべきか、問題となります。

園や保育士・保育教諭は責任を負うのでしょうか。

ポイント

① 紛失の責任が園にあることが明らかでない限り、園は弁償する必要はないと考えます。
② 紛失物が見つかるよう、他の保護者にも協力を呼びかけ、紛失物の発見に努めます。場合によっては、園の所有物を卒園までの間、貸し出すことも考えられます。

回　答

1　困りごとの診断

本ケースでは、年長組では園児が自分の物を管理するようにしているので、どこまで園が責任を負わなければならないのかをお悩みです。

その物が紛失する前にそもそも園にあったのか、実は、園児の家庭で紛失しており、そもそも園になかったのかもしれません。

また、その物を園に持ってきてはいたとしても、他の園児が間違って使っていることや、園児自身が決まった場所に収納せずに、園内の他の場所にしまってしまった、又は他の場所に置き忘れて、それを他

の園児がどこかに持っていった、保育者の気が付かない場所に置いた、普段掃除しない場所に落とした等、様々な可能性があります。

2 対応方法

(1) 状況と経緯の把握

まずは、何を失くしたのか、いつまで管理していたのか、間違って2つ持っている園児はいないかを園児に確認します。

他の保護者にも、お手紙等で紛失物とその特徴を知らせて、他の園児の物を持って帰っていないか、各家庭でも調べてもらいましょう。

(2) 当該園児とその保護者への対応

次に、その物が他の園児の持ち物や、他の園児の家庭に間違って紛れ込んでいるのであれば、数週間以内には判明するでしょうから、その間は園の所有物を貸出しすることが考えられます。

数週間経っても発見されない場合には、他の園児や園の施設から出てくることは期待できないでしょうから、その物を紛失した園児に、再度購入してもらうことになるでしょう。

もう年長ということですので、購入するのがもったいない制服・体操服・帽子等であれば、園の所有物を卒園まで貸し出すことも考えられます。

(3) 弁償の要否

弁償についてですが、園の不注意により紛失したことが明らかな状況であれば、弁償する必要があります。

しかし、そもそも園に持ってきたのかが明らかでないような場合にまで園は弁償する必要はありません。

また、園内で紛失したことまでは分かっていた場合であっても、例えば、他の園児の保護者が誤って持ち帰ってしまいそれに気が付いて

いないなど、園の不注意によらない場合も考えられるため、園が責任を負うべき可能性は高くないと考えます。

3　再発防止策

年長組に自分の物を管理させることは、保育所保育指針第2章3(2)ア（イ）⑧及び、幼保連携型認定こども園教育・保育要領第2章第3の「ねらい及び内容」の「健康」2(8)においても定められている、保育所又は幼保連携型認定こども園「における生活の仕方を知り、自分たちで生活の場を整えながら見通しをもって行動する。」という重要な教育・保育内容の一つであると考えます。

園児が物を大切にするよう日頃から指導を徹底してください。持ち物の管理が十分にできず、よく私物を紛失する園児に対しては、特に保育者が確認してあげる等の配慮をすることが考えられます。

> 他園の園長からのアドバイス
>
> 飾り付き髪ゴムやハンカチ、下着など、何でも園で失くなったとクレームをつけてくる保護者と対立した経験があります。
> あまりにも理不尽だと考えたので、「園は捜査に協力しますから、ご自身で被害届を出してください」と言いました。
> 実際に、その保護者が警察に被害届を出したかは分かりませんが、それ以降は理不尽なクレームはやみました。

参考法令
○保育所保育指針（平29・3・31厚労告117）
　第2章　保育の内容
　3　3歳以上児の保育に関するねらい及び内容
　　(2)　ねらい及び内容
　　　ア　健康

（イ）内　容
　　　　⑧　保育所における生活の仕方を知り、自分たちで生活の場を整えながら見通しをもって行動する。

○幼保連携型認定こども園教育・保育要領（平29・3・31内閣・文科・厚労告1）
　第2章　ねらい及び内容並びに配慮事項
　第3　満3歳以上の園児の教育及び保育に関するねらい及び内容
　ねらい及び内容
　健　康
　2　内　容
　　（8）　幼保連携型認定こども園における生活の仕方を知り、自分たちで生活の場を整えながら見通しをもって行動する。

5 事前にお迎えの変更を伝えてもらえず、いつもと違う人が迎えに来た場合は

相談内容　ある園児のお迎えに、園児の保護者の友人と名乗る方が来ました。

連絡帳には、お迎えに来る方の予定は「園児の母親」と記載されていましたので、園児の保護者の携帯電話に連絡をしましたがつながりませんでした。園児の保護者に確認が取れるまで、当該園児の引渡しをしなかったのですが、後日、保護者からは苦情を言われました。

園はどのような対応をすればよかったのでしょうか。

ポイント

① 園児の引渡しについてのルールについては、事前に入園のしおりや重要事項説明書等に明記しておく必要があります。

② 園のルールに従えない事情がある場合には、個別に話合いをする必要があります。

回　答

1　困りごとの診断

本ケースでは、事前にお迎えの変更を伝えてもらえず、保護者の確認を取ってから園児を引き渡したことが、保護者の苦情の対象となったため、正しい対処法についてお悩みです。

一般に、園は保護者（私立認可保育所の場合は市町村）との契約に基づき、園児の生命・身体・財産といった権利、利益を侵害するこ

となく安全に保育サービスを提供する義務（これを「安全配慮義務」といいます。）を負っています。

　このため、園児を保護者又は保護者が指定した人物以外の人物に引き渡す場合には、他に正当な理由のある場合（例えば、児童虐待で児童相談所や警察が法律上の根拠に基づき園児を引取りに来るような場合など）を除いては、園は、安全配慮義務違反を問われる可能性があります。

　現実的に考えても、保護者の確認を得ずに、保護者の友人と名乗る人物に園児を引き渡すことは、誘拐などの危険性も考えられます。保護者に確認が取れるまで園児の引渡しをしなかった園の対応に落ち度はないと考えます。

2　対応方法

　「お迎えの方が変わる場合には事前に園に連絡をしてください。事前に連絡がない方がお迎えに来られた場合には、保護者に確認が取れるまでは園児は引き渡しません。」ということを、明確に入園のしおりや重要事項説明書等で、保護者に告知していたかを確認してください。

　本ケースでは不明ですが、もしも、そのような事前告知がなく、本ケースの事態が起こったのであれば、保護者が苦情を言うのも無理はないかもしれません。

　園としては園児の安全を第一に考えて取った行動であることを説明し、保護者に納得していただきましょう。

3　再発防止策

　引渡しの園のルールについては、入園のしおりや重要事項説明書等であらかじめ具体的に記載し、保護者にルールの遵守を求めましょう。

　本ケースとは異なりますが、お迎えにつき、成人になっていない兄

弟に迎えに行かせたいと言われて断り、トラブルになったケースがあります。園のルールとして、お迎えの人は成人に限るのであれば、そのことも事前に入園のしおり等に明記しておく必要があります。その上で、どうしても成人になっていない兄弟しかお迎えに行かせられない事情があるのであれば、その保護者と園とで、例えば、ファミリーサポートセンターを利用できないのか等、他の手段がないかも含めて検討し、よく話合いをして、結論を出すようにしましょう。

他園の園長からのアドバイス

お迎えが母親の予定なのに、実際は父親が来た場合には、双方が同意の上である旨を確認して引き渡すようにしています。祖父母などの場合は連絡先の第1順位になっている保護者に連絡を取って確認を行っています。

離婚調停中など、保護者間に争いがあるような場合には、予定された方以外には園児の引渡しは行いません。家庭によって状況が異なるため、状況を把握し、必要がある場合は逐一確認するようにしています。

お迎えの方が予定とは異なることは、よくあることなので、園児の引渡しについての対応については、重要事項説明書に明記しています。

第2　アレルギー・給食

6　アレルギー食の解除につき保護者が診断書を持ってこない場合は

相談内容　食物アレルギーを有する園児の保護者から、もう食物アレルギーは治ったのでアレルギー食を解除してほしいとの申入れがありました。

　当園では、アレルギー食の解除につき、医師の診断書を求めることにしているので、医師の診断書があれば解除しますと返答しました。しかし、医師の診断書にはお金がかかると言って、診断書を持ってきてくれません。

　ガイドラインでは、アレルギー食の解除には医師の診断書は不要とされていることは知っています。しかし、当該保護者がいい加減な方なので、やはり、園の決まりどおり、アレルギー食の解除にも医師の診断書がないと園としては不安です。どう対応したらよいでしょうか。

ポイント

① 　園が医師の診断書の提出を求める理由を、保護者に対し詳細に説明し、保護者から診断書を持ってきてもらえるように話し合いましょう。

② 　園では解除しないが自宅では解除する、次の見直し時期に医師から診断書等をもらう等、園と保護者が折り合える着地点を探しましょう。

第1章　保育に関する相談　　23

回　答

1　困りごとの診断

　本ケースでは、園の決まりで、アレルギー食の解除に医師の診断書の提出を求めているが、その提出がない場合の対応をお悩みです。

　本ケースでもご指摘のとおり、「保育所におけるアレルギー対応ガイドライン（2019年改訂版）」（2019年4月）によれば、「本ガイドラインにおいて、解除指示は生活管理指導表や医師の診断書の提出を求めないことになっています。しかし、解除指示は口頭のやりとりのみで済ますことはせず、必ず保護者と保育所の間で、所定の書類を作成して対応することが必要です。」（同43頁）とされています。

2　対応方法

　園としては、アレルギー食の解除には医師の診断書の提出を求めていることとその理由を詳しく説明し、保護者からの診断書の提出を求めます。

　その食物アレルギーの原因食物が何かにもよりますが、園の給食では食べずとも、自宅で保護者の管理下で摂取させれば済む話かもしれません。

　また、本ケースの園において、少なくとも年に一度は園児のアレルギー食の見直しを行うものと考えられます。その際には、医師の診断書又は医師の記入した生活管理指導表を提出してもらうことでしょう。そこで、本ケースの原因食物について「管理不要」とされていれば、園はアレルギー食を解除することができます。

3　再発防止策

　本ケースとは異なりますが、園での食物アレルギーの新規発症を心

配される園は多く、現実にも新規発症は起こっています（東京慈恵会医科大学「厚生労働省平成27年度子ども・子育て支援推進調査研究事業　補助型調査研究　保育所入所児童のアレルギー疾患罹患状況と保育所におけるアレルギー対策に関する実態調査　調査報告書」97頁（平成28年3月））。

　新規発症の食物アレルギーが起こったときに、マニュアルやガイドラインにしたがって行動できるか、園の保育士・保育教諭全員で再度確認することが重要です。

> **他園の園長からのアドバイス**
>
> 　除去食を行っていたアレルギー児が、医師によって「食べられる」と診断された場合でも、すぐに解除すべきではありません。
> 　「完全解除」なのか、「○g程度なら解除」「少量であれば解除」等の「一部解除」なのかが極めて重要です。「一部解除」と診断された場合は、家庭でのみ解除です。
> 　当園では、「完全解除」と診断された場合であっても、家庭において複数回（4〜5回以上）様々な調理方法で食べて、症状が誘発されないことを確認した上で、園での解除を進めるようにしています。

7 宗教上食べられない食材があると聞いたら

相談内容　当園に外国籍の園児がいます。その園児の信仰している宗教では、豚肉やアルコール（みりん、料理酒等も含みます。）を摂取してはいけないそうです。

そのような外国籍の園児への対応は初めてなので、どう対応するかはこれから園で協議するのですが、食物アレルギーの園児同様に、用紙等に記入してもらうべきでしょうか。

ポイント

① まずは保護者から詳細を聞き取り、栄養士同席の下で食べられない食材につき細かく確認しましょう。
② 食物アレルギーの食品チェック表とは確認する食材が違うものになると考えられますが、似たような食品チェック表を作成し、保護者に記入してもらうことは園にとって有益です。

回　答

1　困りごとの診断

本ケースでは、宗教上食べられない食材がある場合、用紙等に記入してもらうべきかについてお悩みです。

まず、日本国憲法20条の信教の自由は、その権利の性質上、外国籍の者にも保障されていると考えられています。

そこで、その園児の信教の自由を侵害することのないよう、園としては配慮することが求められます。

具体的には、園児の保護者とよく話し合い、どのような食材が宗教

上禁止されていて、代替品としてどういった食材であれば宗教上問題がないのかを確認しましょう。例えば、豚肉の摂取禁止の場合、牛豚の合い挽き肉や、とんこつのエキスも摂取できないなど、禁止される食材が多岐にわたることになります。アルコールの摂取禁止の場合に、通常のしょうゆも摂取できないなど予想外のケースもあり、注意が必要です。

　園の給食の献立を作成する栄養士も同席の下、園で提供され得る食材につき、何が食べられて何が食べられないのか、細かく聞き取りをし、記録に残しておく必要があります。

2　対応方法

　まずは、園児の保護者から、どのような食材が宗教上禁止されていて、代替品としてどういった食材であれば宗教上問題がないのかを聞き取りましょう。

　園によっては、毎月、園の献立表を保護者と一緒に確認して、除去すべき食材の打合せをする園もあります。

　本ケースでは、食物アレルギーの園児同様の用紙に記入することを考えています。とはいえ、食物アレルギーの原因食物と、宗教上摂取できない食物は、必ずしもイコールではありません。そのため、食物アレルギーの食品チェック表をそのまま流用することはできないと考えられます。

　そこで、園の栄養士と一緒に、保護者からの聞き取りを基に、新たな食品チェック表を作成し、保護者に記入してもらうことになります。

3　再発防止策

　近年の外国人労働者の増加に伴い、外国籍の園児は珍しくなくなりました。

保育所保育指針（第2章4(1)オ・第4章2(2)ウ）や幼保連携型認定こども園教育・保育要領（第2章第4・2(5)・第4章第2・7）にも、園児の国籍や文化の違いを認め、互いに尊重する心を育てるようにすることが定められています。

外国籍の園児の保護者にも協力してもらい、母国の料理を食べたり、母国の子どもの遊びを紹介したりして、文化交流をすることで、本ケースの園児が皆とは違う給食（又はお弁当）を食べていることにつき、皆が尊重する雰囲気を作り出すことも考えられます。

先輩保育士・保育教諭からのアドバイス

　宗教上、食べられない食材がある場合は、用紙等に記入してもらうべきです。
　園としても、できる限り対応するようにしています。

参考法令

○保育所保育指針（平29・3・31厚労告117）
　第2章　保育の内容
　4　保育の実施に関して留意すべき事項
　(1)　保育全般に関わる配慮事項
　　オ　子どもの国籍や文化の違いを認め、互いに尊重する心を育てるようにすること。
　第4章　子育て支援
　2　保育所を利用している保護者に対する子育て支援
　(2)　保護者の状況に配慮した個別の支援
　　ウ　外国籍家庭など、特別な配慮を必要とする家庭の場合には、状況等に応じて個別の支援を行うよう努めること。

○幼保連携型認定こども園教育・保育要領（平29・3・31内閣・文科・厚労告1）
　第2章　ねらい及び内容並びに配慮事項
　第4　教育及び保育の実施に関する配慮事項

2　幼保連携型認定こども園における教育及び保育の全般において以下の事項に配慮するものとする。
　(5)　園児の国籍や文化の違いを認め、互いに尊重する心を育てるようにすること。
第4章　子育ての支援
第2　幼保連携型認定こども園の園児の保護者に対する子育ての支援
　7　外国籍家庭など、特別な配慮を必要とする家庭の場合には、状況等に応じて個別の支援を行うよう努めること。

第3　園児の怪我・園児同士のケンカ

8　園児同士のケンカにより一方の園児が怪我をしてしまったら

相談内容　園児同士が、遊びの最中にケンカになり、一方の園児が怪我をしてしまったときの保護者への対応の仕方で迷うことがあります。

互いに実名を伝えるべきか、どこまで詳しく伝えた方がよいか、親の性格、捉え方など皆違うので難しいです。

園はどのように対応したらよいのでしょうか。

ポイント

① ケンカの相手を伝えるか否かは、園の方針があればそれに従ってください。

② 園の方針がない場合は、例外的な場合を除いては、ケンカの相手を伝えないというのも一つの選択肢です。ケンカの相手の保護者に加害の事実を伝えるか否かについても同様です。

回　答

1　困りごとの診断

本ケースでは、園児同士のケンカにより、一方が怪我をした際の保護者への対応をお悩みです。

園は、契約に基づき、園において園児の生命・身体・財産等を侵害することなく安全に保育サービスを提供する義務を負います（「安全

配慮義務」といいます。)。

　また、園児のケンカで一方が怪我をするということは、園児の違法な行為により損害が生じた状態であり、法律上、原則としては不法行為（民709）が成立する状況です。しかし、園児は責任能力を有しておらず、賠償の責任を負いません（民712）。この場合、園は、法定代理人である保護者に代わって責任無能力者（本ケースの園児）の監督をする立場にありますから、原則として、責任を負うことになります（民714②）。

　そのため、個別具体的な事情により結論が異なる可能性はありますが、一般的には、園は、園児同士のケンカによる怪我の責任を負うと考えられます。

　園は、怪我をした方の園児に適切な手当てを施し、当該園児の保護者に対して、できるだけ詳しく、負傷した経緯を説明し、謝罪をし、必要があれば治療費などの損害を賠償し、保険請求の手続があれば、その案内をします。

　本ケースで困っておられることは、怪我をした方の園児の保護者にケンカの相手を知らせるか否かです。園に方針があれば、その方針に従ってください。

　園に方針がない場合は、ケンカの相手を知らせないという判断も選択肢の一つだと考えます。ケンカの相手を知らせたところで、園の法律上の責任が軽減されるわけではありません。また、怪我をした方の園児の保護者が、ケンカの相手の保護者に謝罪を求めた場合に、ケンカの相手の保護者が素直に謝罪してくださる方ばかりとは限らず、かえって、園に矛先を向けられて、園の負担が増える場合も想定されます。

いずれにせよ、園としての対応方法を決定し、一貫した対応を取るのがよいでしょう。

2　対応方法

　怪我をした方の園児の保護者に対して、受傷の経緯については、詳しく説明して謝罪してください。ケンカの相手について知らせるか、知らせないかは園の決定に沿って一貫した対応を取りましょう。
　ケンカの相手の保護者に対して、園児を怪我させた事実を伝えるか、その被害園児の名前を伝えるかは、怪我の程度やケンカの頻度、ケンカの相手の様子等によると考えます。ケンカの相手が常習的にケンカをするような園児であったり、怪我の程度が深刻なものであったりすれば、状況に応じた対応を検討せざるを得ないでしょう。しかし、そうでない場合は、ケンカの相手の園児に指導することは必要ですが、あえて保護者に知らせる必要がない場合も多いと考えます。

3　再発防止策

　ケンカの相手を伝えない方針の園であれば、「園での園児同士のケンカによる怪我については、例外的な場合を除き、園としてはケンカの相手を伝えることはしません。」ということを、あらかじめ入園のしおりやお便りで保護者にお知らせしておくことで、現場の保育士・保育教諭の悩みや、保護者と園とのトラブルを減らす効果が期待できます。

先輩保育士・保育教諭からのアドバイス

　園児同士のケンカにより一方の園児が怪我をしてしまったら、現場にいた保育者の聞き取りを行い、事実確認をしっかり行い、
① 園が怪我をした子どもの保護者に説明をする。その際に誰が怪我をさせたかは伝えない。

② それでも保護者が納得しない場合でも、できるだけ怪我を負わせた子どもの名前を伝えない。
③ 怪我を負わせた側の保護者にも事実を伝え、怪我をした相手のことは伝えない。
④ 保護者が納得しない場合は、双方の保護者に園に来ていただき、協議を行う。自宅などには行かせない。
というような対応をしています。

9 園での怪我の後に適切に処置されなかったために傷跡が残ったとクレームを言われたら

相談内容　ある園児が外遊びの時間に、転んで顔面を強打し、擦り傷と切り傷を負ってしまいました。

保育士・保育教諭は園のマニュアルのとおりに応急処置を施しました。その後、保護者に怪我を報告する電話連絡をし、お迎え時にも怪我した状況、応急処置の内容を説明しました。

ところが、しばらく経って、その保護者から、園での怪我の後の処置が悪かったために、傷跡が残ったとクレームが入りました。どのように対応すべきでしょうか。

ポイント

① まずは保護者の意見の具体的な内容を聞きます。次に嘱託医等の専門家に相談します。

② 園に責任がある場合は、治療費や慰謝料を支払います。園に責任がない場合でも、園が傷害保険に加入していれば、保険金が支払われる可能性があります。

回答

1　困りごとの診断

本ケースでは、傷跡が残った原因が、保護者が指摘するような園の応急処置の悪さにあるのか、それとも、他の事柄にあるのかが不明です。例えば、処置後に園児本人が気になって傷口をしばしば触ったとか、日焼けにより傷跡が残りやすくなるのに、日焼けをしないように

ガーゼやテープで傷口を覆わなかった、ということも考えられます。

「傷跡が残った原因は最初の応急処置の悪さにある」と明言するような医師の診断書がある場合などは別ですが、原因が応急処置の悪さにあるとは、断定できない場合が多いでしょう。

しかしながら、園での教育・保育中に起こった園児の転倒の結果生じた傷跡の問題です。園は、園児に対する安全配慮義務（民415）を負っていますので、教育・保育中の園児の転倒の結果として責任を負うことも考えられます。この点については、具体的な事情により結論が異なりますので、法律の専門家に相談してください。

園が責任を負う場合、その責任の程度に応じて、園児の治療費や通院交通費、慰謝料等の損害を賠償する必要があります。また、その残った傷跡が、何らかの治療方法により消えるのであれば、園は、その責任に応じて、治療費を支払い、園児の傷跡が消えるよう、保護者に協力することも検討すべきでしょう。

2 対応方法

(1) 保護者からの意見の聞き取り

保護者は、園の応急処置が悪かったと言ってきていますので、まず、園の施した処置のどこが悪かったと考えているのか、どのような処置をすべきだったというのかを、よく聞き取ります（園の応急処置につき、名古屋市小児科医会「保育園や幼稚園に通う子どもたちの健康のために　第3版（2013年度改訂版）」93〜95頁参照）。

園の処置が悪かったということは現実にはないかもしれませんが、「嘱託医に相談してみます」と保護者に答え、嘱託医に相談してください。その際に、傷跡を消す治療法がないかも相談してください。

(2) 嘱託医への相談後

嘱託医との相談の結果も踏まえて、園の責任の有無について、弁護

士等の法律の専門家に相談を行うのがよいでしょう。また、何らかの治療により傷跡を消すことができると分かれば、治療を提案することも検討することになります。園に責任がある場合には、その責任に応じて、園は、治療費、通院交通費、慰謝料等を支払います。しかし、園に責任がない場合は、保護者に対して丁寧に説明し、納得を求めることになります。

(3) 傷害保険の利用

園に責任がない場合でも、園が傷害保険に加入している場合は、保護者に保険金を支払える可能性があります。保険会社に問い合わせてください。

3 再発防止策

園児の受傷後は、傷跡が完全に消えるまで、経過を気に掛けて観察したり、保育者が保護者に、「傷の具合はどうですか？」と声掛けをしたりすることが考えられます。

傷の治る経過を気に掛けて観察することにより、悪化を防ぐことや園とは無関係の出来事による傷の悪化に気づくことができるかもしれません。

他園の園長からのアドバイス

> 園内の段差（現在はもう解消させました。）につまずいて転倒し、顔に数針縫う怪我をした園児がいました。女児だったので、保護者も傷跡が将来まで残ることを心配されていました。医師から、「将来的に跡が残ったら、美容のレーザー照射で消せる」と聞き、保護者もそれを望んだので、将来的に、その治療を受けることになったら、園として費用をお支払したいので、その際はお知らせくださいと伝えてご安心いただきました。

第4 発達障害

10 個性と発達障害の見極めが難しく適切な関わり方が分からない場合は

相談内容 　個性と発達障害の見極めが難しく、適切な関わり方が分からない場合はどうしたらよいでしょうか。

発達障害の可能性のある園児につられて他の園児も同じ行動をしてしまう場合もあって、困っています。

園や保育士・保育教諭はどのように対応したらよいのでしょうか。

ポイント

① 発達障害は早期発見・早期支援が重要とされています。
② 専門家につないで、対応についても専門家の指示を仰ぐようにしましょう。

回　答

1 困りごとの診断

本ケースでは、個性と発達障害の見極めが難しく、適切な関わり方が分からないことをお悩みです。

発達障害者支援法によれば、「発達障害」とは、自閉症、アスペルガー症候群その他の広汎性発達障害、学習障害、注意欠陥多動性障害その他これに類する脳機能の障害であってその症状が通常低年齢において発現するものとして政令で定めるものをいう、とされています（発

達障害2、発達障害令1、発達障害則)。

　発達障害のある子どもは、早期から発達段階に応じた切れ目のない支援を行っていくことが重要であり、早期発見・早期支援の対応の必要性は極めて高いとされています(発達障害1・3①②・4・6①)。

　発達障害のある子どもによく見られる特性として、「指示に従わない」「集団行動ができない」「人と関わることが苦手」「動きが多く落ち着かない」「こだわりが強い」等の状態像があります。そして、これらは、集団生活の中で顕著になり観察されやすい状態像です。そのため、園においては、発達障害のある子どもの多くが、保育の担当者により気付かれています。

　そこで、保育者や園には、気付きを支援につなげる行動が求められます。

2　対応方法

　医療の専門家ではない保育者が、脳機能の問題である発達障害か、それともただの個性かを判断することは困難であると考えます。

　そのため、保護者と話をした上で、園の嘱託医や、市町村の巡回支援専門員(厚生労働省における発達障害者支援施策の一つで、発達障害等に関する知識を有する専門員が、保育所等の子どもやその親が集まる施設・場を巡回し、施設のスタッフや親に対し、障害の早期発見・早期対応のための助言等の支援を行うもの。任意の市町村事業として設定されています。)に相談することが考えられます。

　全国にある発達障害者支援センターでも、支援者(本ケースの保育者)からの相談に乗ったり、支援者向けの研修を実施したりする場合がありますので、そちらを利用することも考えられます。

3 再発防止策

　厚生労働省と国立障害者リハビリテーションセンターとが開設したホームページ（発達障害情報・支援センター）には、保育所における気付きのポイント、気付いた後の対応のポイント、支援につなげる方法などの情報が豊富に提供されています。

　地方自治体から、保育者向けに、支援のQ＆Aやガイドラインが発行されている場合もあります（千葉県教育委員会「（幼稚園・保育所向け）発達障害の可能性のある子どもへの支援Q＆A」（平成26年3月）、埼玉県「保育士・幼稚園教諭向け　実践に活かす　気になる子への支援ガイドブック」（平成23年10月）、発達障害教育推進センター「研修講義　幼児期の発達障害」、発達障害教育推進センター「研究所の発達障害関連の研究紹介　【44】発達障害のある子どもの早期発見・早期支援の充実に向けて」参照）。

　これらを参考に、園での対応方法をまとめ、保育者全員で共有することにより、保育者各人が現場で困ることのないようにすることが考えられます。

先輩保育士・保育教諭からのアドバイス

　当園は、日頃から療育センターとお付き合いがあるので、個性と発達障害の見極めが難しい場合には、療育センターに相談します。
　まずは園に訪問していただき、園での生活の姿を見てもらいます。そして、療育センターの専門職の方々に、発達障害か否かの判断を仰ぎ、適切な対応方法についても教えてもらうようにしています。

11 集団の中で気になる（発達障害の疑いがある）園児の保護者へどのように伝えるべきか

相談内容　集団生活の中で気になる（発達障害の疑いがある）園児がいます。

　落ち着きがなく、好き嫌いも激しく、パニックを起こすことも多々ある園児です。

　保護者には、園でのどのような様子から発達障害を疑うようになったのかということを説明し、医療機関への受診をお勧めしたいと考えています。しかしながら、伝え方によっては、保護者が事実を受け入れなかったり、園に反感を持ったりする心配もあります。

　保育士・保育教諭はどのように伝えたらよいのでしょうか。

ポイント

① 信頼する保育者の勧めだから従ってみようと保護者が素直に思えるように、信頼関係を構築することを心がけてください。

② あらかじめ全保護者に対して発達障害の特性等の情報提供をし、発達障害に対する理解を深めておくことも考えられます。

回答

1　困りごとの診断

　本ケースでは、発達障害の疑いがある園児の保護者への伝え方をお悩みです。

　発達障害は早期発見・早期支援が重要と考えられています（発達障害

1・6)。

　たくさんの子どもに接する保育者は、発達障害の特性のある子に気が付きやすい存在であり、早期発見の重要な役割を担っています。

　他方、発達障害の程度が重ければ、保護者は否応なく事実を受け入れざるを得ませんが、発達障害の程度が軽ければ軽いほど、事実を受け入れ難かったり、園に対する不信感を募らせたりする可能性もあります。

　園としては、自分の子どもの発達障害を疑いもしなかった保護者が、突然、その疑いを告知される気持ちを考えると、単刀直入に、医療機関への受診をお願いすることも難しいでしょう。

　医療機関への受診は保護者が決定することです。そこで、信頼している園の保育者が勧めるのだから、その助言に従ってみようかな、と保護者が素直に思えるように、まずは信頼関係を構築することを心がけてください。

2　対応方法

　保護者の考えや家庭の状況を知るために、よく話を聞きましょう。保護者の話しぶりや表情から、当該園児への想いを推察します。

　保護者が当該園児の困った様子に気が付いていない場合は、園に自由に参観してもらい、日常的な園での様子を見てもらいましょう。

　送迎時に話したり、連絡帳を利用したり、面談等を実施したりして、保護者と密にコミュニケーションを取りましょう。

　保護者とは、当該園児は何が得意なのか、どのような工夫をすると安心するのか、どのような方法が分かりやすいのかなど、日頃の保育の工夫や生活の具体的なエピソードを話し、情報を共有します。

　これらを積み重ねて、信頼関係を十分に構築したと思える頃や、保護者の方から発達障害ではないかという相談があった頃など、機が熟

したと思われる時期に、医療機関への受診を勧めるのが望ましいと考えます（発達障害教育推進センター「研修講義　幼児を養育している保護者とのかかわり－保育者の専門性を生かして－」参照）。

3　再発防止策

　発達障害者支援法には、「個々の発達障害の特性その他発達障害に関する理解を深めるとともに、基本理念にのっとり、発達障害者の自立及び社会参加に協力するように努めなければならない。」という国民の責務が規定されています（発達障害4）。

　保護者会や保護者向けの講演会などで、発達障害について理解してもらうための講演を企画したり、保護者へのお便りで、発達障害についての情報を提供したりすることも考えられます。

　事前に、園の全ての保護者に発達障害の特性を理解しておいてもらうことにより、発達障害のある園児の保護者は、「自分の子の発達障害が原因で、他の園児や保護者に迷惑をかけて申し訳ない」という罪悪感や負い目等を感じずに済むことが考えられます。

　また、これから園が発達障害の疑いがあるとお伝えする保護者にとっても、早期発見・早期支援が重要であることなど、発達障害についての事前の知識があることは、プラスに作用すると考えます。

先輩保育士・保育教諭からのアドバイス

> 　個人面談を行う際に、家での様子などをヒアリングします。保護者の意識なども把握した上で、療育センターなどの専門家に様子を見ていただき、判断してもらいます。
> 　発達障害の疑いがあると判断されれば、その後は保護者に寄り添いながら事実を伝え、医療機関を受診するよう促します。

第5　虐待児

12　虐待の疑いのある園児がいたら

相談内容　当園に身体的虐待を受けている疑いのある園児がいます。

園の虐待防止マニュアルに従って行政に情報を伝えましたが、行政からはその後の指示や情報提供がありません。

行政に尋ねると「個人情報なので。」と言われ、何も教えてもらえません。

園としてはどう対応をしたらよいのでしょうか。

ポイント

① まずは、行政に個人情報保護の例外に当たり、情報を提供してもらえるのではないか、と問い合わせます。
② 行政から情報を提供してもらえない場合、要保護児童対策地域協議会へ情報提供を行い、関係機関にも一緒になって問題解決に取り組んでもらうことが考えられます。

回答

1　困りごとの診断

本ケースでは、園の虐待防止マニュアルに従って行政に情報を伝えたのに、その後の対応の指示や情報提供がなく、園ではどのように対応すべきかをお困りです。

行政は、個人情報を理由に情報提供を拒んでいるようです。確かに、地方公務員法34条1項や児童福祉法61条には、職務上知り得た情報を

第三者に提供することを禁じる守秘義務が規定されています。

しかしながら、正当な理由がある場合には、職務上知り得た情報を第三者に提供しても守秘義務違反には当たりません。

そして、厚生労働省雇用均等・児童家庭局総務課「子ども虐待対応の手引き（平成25年8月改正版）」20頁にも、「虐待の防止や解決のために必要な範囲で情報を第三者に提供することは守秘義務違反に当たらず、刑事処罰の対象になることはない。」と明記されています。

なお、民事責任の問題について、同手引き20頁は、「虐待またはその疑いが十分にあった時は、「正当な理由」がある場合として、賠償義務を負うことはないと考えられる。」と記載しています。

これらの記載を根拠に、行政に情報提供を求めることになります。

2　対応方法

(1)　行政への問合せ

行政に、上記の「子ども虐待対応の手引き」の該当箇所を示して、虐待の防止や解決のために必要な範囲であれば、個人情報保護の例外に当たり情報提供が可能であることを伝えましょう。

それでも情報を提供してもらえない場合は、園が虐待を疑う理由となった具体的な事実などの情報を改めて伝えた上で、行政から情報提供や指示がなされないことについての懸念を伝え、重ねて対応を求めるとともに、やり取りの内容を記録するようにしてください。

(2)　他の機関への相談

行政が虐待がないと判断した場合や十分な対応を行ってくれない場合であっても、園としては虐待を疑っているからこそ、園児の対応に悩んでいるのだと考えます。

児童福祉法25条の2に設置の努力義務が規定されている、要保護児童対策地域協議会が設置されている地方自治体も多いでしょう（平成

28年4月1日現在の設置率は99.2％とのことです。)。この協議会は、虐待を受けている子どもや支援を必要としている家庭を早期に発見し、適切な保護や支援を図るために、関係機関の間で情報や考え方を共有し、適切な連携の下で対応していくことを目的として設置されています。保護者に関する情報の交換や支援内容の協議を行う場ですので、園はこの協議会に情報を提供し、関係機関全体で問題を共有することが考えられます。

3　再発防止策

　日頃から、児童相談所や福祉事務所など他の機関と積極的に情報を交換し、虐待の疑いがある園児への対応を、園や保育士・保育教諭だけが抱え込まないような体制を作っておくことが望まれます。

他園の園長からのアドバイス

　虐待の疑いを持った保育者から、保護者の様子、普段の園児の姿を聞き取ります。園長としても、虐待の疑いを持った場合は、児童相談所にすぐに相談したり、報告したりします。
　園児の身体に傷などがある場合には、写真等の記録に収めます。また、なぜ虐待の疑いを持ったのかについて、児童相談所や役所等の第三者にもすぐに分かってもらえるよう、園としての認識や、発見までの経緯をまとめた文書を作っておきます。

13 父子家庭の園児にネグレクトの疑いがあるが家庭訪問ができなかったら

相談内容　当園に父子家庭の園児がいます。核家族で、近くに頼れる祖父母や親戚等もいないようです。

この園児は、毎日同じ服を着ている、朝食を食べていない、入浴もしていない、汚れた衣類もためている状態です。

保育士・保育教諭が家庭訪問をするわけにもいかないのですが、どのような支援をしたらよいでしょうか。

ポイント

① 法律や保育所保育指針、幼保連携型認定こども園教育・保育要領にのっとって対応します。
② 園だけで抱え込まず、関係機関と情報を共有し、それぞれができる役割を果たしましょう。

回答

1　困りごとの診断

本ケースは、保護者が、子どもの健康・安全への配慮を怠っている、食事・衣服などが極端に不適切で、健康状態を損なうほどの無関心・怠慢である状態です。

これは、いわゆるネグレクトであり、児童虐待防止法2条3号で定義されている児童虐待に当たります。

児童虐待を受けたと思われる児童の発見者である園や保育者は、速やかに市町村や福祉事務所、児童相談所に通告しなければなりません

（児童虐待6）。

　また、保育所保育指針第4章2(3)に「不適切な養育等が疑われる家庭への支援」が記載されています。同じ内容が、幼保連携型認定こども園教育・保育要領第4章第2の8と9にも記載されています。

　これらに従った対応、支援を行うことが求められます。

2　対応方法

　ネグレクトという児童虐待の疑いがありますので、市町村や福祉事務所、児童相談所に通告します。園や保育者には、疑わしい場合には通告の義務がありますので（児童虐待6）、児童虐待だと断定できなくても、通告してください（厚生労働省雇用均等・児童家庭局総務課「子ども虐待対応の手引き（平成25年8月改正版）」参照）。

　また、例えば、市町村や福祉事務所は、ホームヘルパー派遣事業や一人親家庭手当等の一人親家庭への支援メニューを有しています（母子及び父子並びに寡婦福祉法17・31の7、児童扶養手当法4）。これらを導入することで、本ケースの園児の家庭環境の改善が図れる可能性があります。そのことは、すなわち、本ケースの園児への虐待を止めることにつながります。したがって、園や保育者は、市町村や福祉事務所に対し、適切な福祉サービスを提供するよう、求めてください。

　他にも、例えば、園にお風呂があって、入浴させることが可能であれば、担当業務に余裕のある保育者が園児を入浴させたり、園の洗濯物を洗濯するついでに当該園児の洗濯物を洗ってあげられるのであれば、洗ってあげたり、保育者に過度な負担が生じない限度で、園として当該一人親家庭への支援ができるのであれば、実行することが考えられます。

3 再発防止策

　園児の不潔な格好が続いたり、持ち帰るべき汚れた衣類がたまったりした早い段階で、その保護者と面談をし、園として何か手伝えることはないかを聞き取るとよいでしょう。

　面談の結果を踏まえ、保護者に対して、市町村や福祉事務所への相談も提案しましょう。一人親家庭に対する行政の援助を受けることで、園児がより良い環境で生活できる可能性があります。

他園の園長からのアドバイス

　一人親家庭で朝食をいつも欠食してくる園児がいました。その園児は午前中元気がなく、園生活にも悪影響が出ていると感じました。そこで、保護者に「コンビニのおにぎりでいいから持たせてくれたら、園で食べさせる」と話しました。

　その後、保護者はおにぎりを持たせるようになり、園で食べさせるようにしました。それを見た他の家庭からも、自分の子にも同様にしてほしいとの要望が出ましたが、この家庭が一人親家庭であるための特別な配慮であることを説明し、遠慮してもらいました。

参考法令
○保育所保育指針（平29・3・31厚労告117）
　第4章　子育て支援
　2　保育所を利用している保護者に対する子育て支援
　　(3)　不適切な養育等が疑われる家庭への支援
　　　ア　保護者に育児不安等が見られる場合には、保護者の希望に応じて個別の支援を行うよう努めること。
　　　イ　保護者に不適切な養育等が疑われる場合には、市町村や関係機関と連携し、要保護児童対策地域協議会で検討するなど適切な対応を図ること。また、虐待が疑われる場合には、速やかに市町村又は児童相談所に通告し、適切な対応を図ること。

○幼保連携型認定こども園教育・保育要領（平29・3・31内閣・文科・厚労告1）
　第4章　子育ての支援
　第2　幼保連携型認定こども園の園児の保護者に対する子育ての支援
　　8　保護者に育児不安等が見られる場合には、保護者の希望に応じて個別の支援を行うよう努めること。
　　9　保護者に不適切な養育等が疑われる場合には、市町村や関係機関と連携し、要保護児童対策地域協議会で検討するなど適切な対応を図ること。また、虐待が疑われる場合には、速やかに市町村又は児童相談所に通告し、適切な対応を図ること。

第6　問題行動のある園児

14　問題行動を頻繁に起こす園児がいたら

相談内容　問題行動を頻繁に起こす園児がいます。
自閉症スペクトラムの診断を受けており、衝動性の強い園児です。

何が気に障ったのか保育士・保育教諭には分かりませんが、給食時に突発的に机の上から食器を手で振り払い、落ちた食器が破損して、他の園児が怪我をしてしまいました。その問題行動を起こす園児が原因で怪我をした保育者もいます。

園はどのように対応したらよいのでしょうか。

ポイント

① 当該園児につき配慮すべき事項を保護者や関係機関から十分に聞き取り、関係する保育者全員が共有します。
② 園としては、保育者の加配を検討したり、「障害児保育」の専門知識を有する保育者を育てることも考えます。

回　答

1　困りごとの診断

本ケースでは、自閉症スペクトラムの診断を受けている問題行動を頻繁に起こす園児の対応をお悩みです。

園は、契約に基づき、園において園児の生命・身体・財産等を侵害することなく安全に保育サービスを提供する義務を負います（「安全配慮義務」といいます。）。

そして障害を有する園児については、より細やかな配慮を必要とし、また、配慮すべき事項は個々の園児によって全く異なります。そのため、園は、障害を有する園児を受け入れて教育・保育するに当たり、保護者から当該園児について配慮すべき事項を十分に聞き取り、当該園児を受け入れる担当の保育者及び当該園児の教育・保育を補助すべき保育者が、当該事項をそれぞれ知り、また、各保育者間において十分な連絡がなされる体制を確立すべき義務を負うと考えられます（大阪地判平17・11・4判時1936・106）。

保育所保育指針（第1章3(2)キ・第4章2(2)イ）には、「子どもの状況に応じた保育を実施する観点から、家庭や関係機関と連携した支援のための計画を個別に作成するなど適切な対応を図ること。」などの記載があります。幼保連携型認定こども園教育・保育要領（第1章第2・3(1)・第4章第2・6）にも、「障害のある園児が他の園児との生活を通して共に成長できるよう、特別支援学校などの助言又は援助を活用しつつ、個々の園児の障害の状態などに応じた指導内容や指導方法の工夫を組織的かつ計画的に行うものとする。」などの記載があります。

2　対応方法

当該園児の保護者から、当該園児について配慮すべき事項を十分に聞き取り、当該園児と関わる保育者全員で情報を共有しましょう。

また、保護者の同意を得て、かかりつけ医、地域の児童発達支援センターや発達障害者支援センターなどの関係機関からも、当該園児について配慮すべき事項を教えてもらいます。

本ケースにおいて、保育者の加配が可能であれば、当該園児のために加配することを検討してください（「障害のある子どもに対する保育について」（平29・6・22厚生労働省雇用均等・児童家庭局保育課　事務連絡）参照）。

3　再発防止策

　発達障害の園児を受け入れて適切な教育・保育サービスを提供するには、専門的な知識が必要となります。

　例えば、国の施策として、保育現場におけるリーダー的職員の育成に関する「保育士等キャリアアップ研修」の研修分野に「障害児保育」を盛り込み、当該研修を実施するために必要な経費の一部を補助する事業（子ども・子育て支援体制整備総合推進事業費国庫補助）もありますので、自園の保育者に受講させることも考えられます。

> **他園の園長からのアドバイス**
>
> 　問題行動を頻繁に起こす園児については、発達障害の疑いがある場合には療育センターと相談することにしています。
> 　発達障害の疑いがない場合は、フリーの保育者、主任、副園長等が寄り添いながら対応することにしています。

参考法令
○保育所保育指針（平29・3・31厚労告117）
　第1章　総　則
　3　保育の計画及び評価
　（2）　指導計画の作成
　　　キ　障害のある子どもの保育については、一人一人の子どもの発達過程や障害の状態を把握し、適切な環境の下で、障害のある子どもが他の子どもとの生活を通して共に成長できるよう、指導計画の中に位置付けること。また、子どもの状況に応じた保育を実施する観点から、家庭や関係機関と連携した支援のための計画を個別に作成するなど適切な対応を図ること。
　第4章　子育て支援
　2　保育所を利用している保護者に対する子育て支援
　（2）　保護者の状況に配慮した個別の支援

イ 子どもに障害や発達上の課題が見られる場合には、市町村や関係機関と連携及び協力を図りつつ、保護者に対する個別の支援を行うよう努めること。

○幼保連携型認定こども園教育・保育要領（平29・3・31内閣・文科・厚労告1）
　第1章　総　則
　第2　教育及び保育の内容並びに子育ての支援等に関する全体的な計画等
　　3　特別な配慮を必要とする園児への指導
　　(1)　障害のある園児などへの指導
　　　　障害のある園児などへの指導に当たっては、集団の中で生活することを通して全体的な発達を促していくことに配慮し、適切な環境の下で、障害のある園児が他の園児との生活を通して共に成長できるよう、特別支援学校などの助言又は援助を活用しつつ、個々の園児の障害の状態などに応じた指導内容や指導方法の工夫を組織的かつ計画的に行うものとする。また、家庭、地域及び医療や福祉、保健等の業務を行う関係機関との連携を図り、長期的な視点で園児への教育及び保育的支援を行うために、個別の教育及び保育支援計画を作成し活用することに努めるとともに、個々の園児の実態を的確に把握し、個別の指導計画を作成し活用することに努めるものとする。
　第4章　子育ての支援
　第2　幼保連携型認定こども園の園児の保護者に対する子育ての支援
　　6　園児に障害や発達上の課題が見られる場合には、市町村や関係機関と連携及び協力を図りつつ、保護者に対する個別の支援を行うよう努めること。

参考資料
○障害児の地域支援体制の整備の方向性のイメージ

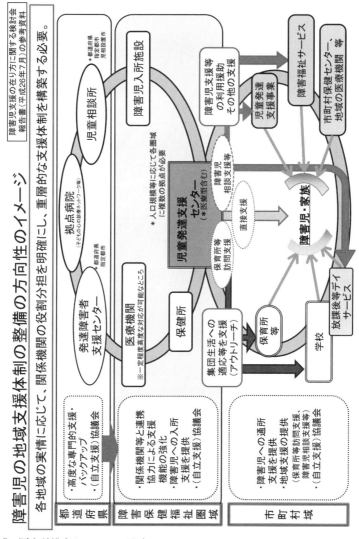

(出典:厚生労働省ホームページ (https://www.mhlw.go.jp/file/06-Seisakujouhou-12200000-Shakaiengokyokushougaihokenfukushibu/0000172903.pdf (2019.9.17)))

○支援提供の流れ:障害児相談支援事業者と児童発達支援センター等の関係

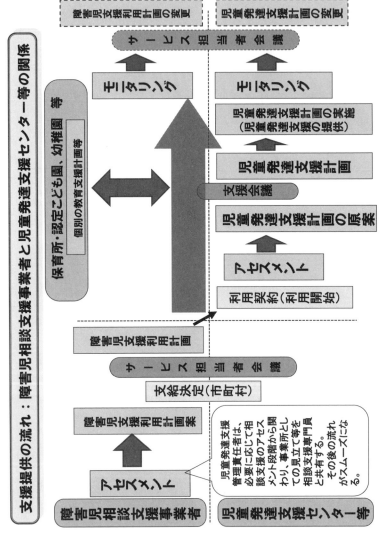

(出典:厚生労働省ホームページ(https://www.mhlw.go.jp/file/06-Seisakujouhou-12200000-Shakaiengokyokushougaihokenfukushibu/0000172905.pdf(2019.9.17)))

15 乱暴な言葉を使ったり他の子に手を出したりする園児について、その保護者に伝えても認めなかったら

相談内容　「死ね」だの「黙れ」だの言い、他の子の首をつかむ園児がいます。
　その園児の保護者は、送迎時の言葉遣いも悪く、自身の子どもに悪い影響を与えていると思います。乱暴な言葉を使ったり、他の園児に手を出したりすることをその保護者にも伝えたのですが、事実を認めず、逆に反感を持たれてしまいました。
　保育士・保育教諭はどのように対応したらよいのでしょうか。

ポイント

① 保護者に事実を認めさせることにこだわらず、園児の育ってほしい姿を共有し、再度信頼関係の構築に努めます。
② 保護者会やお便りなどで、間接的に、保護者の子どもに与える影響の大きさについて、専門的立場からの情報を提供することも考えられます。

回答

1 困りごとの診断

　本ケースでは、園児の問題点を伝えたところ、事実と認めず、逆に反感を持ってしまった保護者への対応をお悩みです。
　保育所保育指針（第4章2(1)ア）や幼保連携型認定こども園教育・保育要領（第4章第2・1）には、園児の日々の様子の伝達などを通じて、保護

者との相互理解を図るよう努めることが記載されています。

　また、保育所保育指針解説（第4章1(1)ア）には、「子どもと家庭の実態や保護者の心情を把握し、保護者自身が納得して解決に至ることができるようにする。」との記載があります。

　なかなか実践が難しいところでしょうが、「保護者の心情を把握し、保護者自身が納得して解決に至ることができるように」持っていくことが求められます。

2　対応方法

　本ケースでは、園児の乱暴な言動を事実として認めないということですので、保護者には、園に参観に来ていただき、園児のありのままの姿を見ていただきましょう。参観に来られなかったり、保護者の前では園児が態度を変えたりするということであれば、園児の様子を録画するなどの方法も考えられます。

　もっとも、保護者に事実を認めさせることが目的なのではなく、園児の乱暴な言動を改善するということが目的です。

　保護者は、内心は事実を認めていても、表立って事実を認めることができない理由があるのかもしれません。

　保育者は、保護者に事実を認めさせることにこだわることなく、保護者と園児の育ってほしい姿を共有し、そのために一緒に考えていきたいという思いを伝えて、再度、信頼関係を築き上げていくことが考えられます。

3　再発防止策

　本ケースにおいて、当該保護者の言葉遣いの悪さが園児に悪影響を与えていることは明らかです。しかし、保育者は当該保護者の言葉遣いの悪さを指摘し、改善させる立場にはありません。

そこで、保護者会や懇談会等の機会に、改めて、保育者から保護者の姿が子どもに与える影響の大きさ等を専門的な立場から情報提供することが考えられます。お便りの配布でも構いません。一見遠回りですが、当該保護者が自ら改善しようと思う工夫をすることが考えられます。

他園の園長からのアドバイス

　乱暴な言葉を使ったり、他の園児にすぐ手を出したりする園児がおり、他の園児からは敬遠されていました。
　その乱暴な言動の園児の保護者と話し合って、現状を説明し、その園児にどのような子に育ってほしいと考えているのかを聞きました。すると、保護者は、友人と仲良くやれる子に育ってほしいということでした。私は、保護者に、現状との落差を認識してもらい、規則正しい生活を送らせることを約束してもらいました。
　乱暴な言動の大きな原因は睡眠不足にあったようで、睡眠時間を十分に取り、規則正しい生活を送るようになってから、みるみる改善されて、乱暴な言動はなくなりました。

参考法令
○保育所保育指針（平29・3・31厚労告117）
　第4章　子育て支援
　2　保育所を利用している保護者に対する子育て支援
　（1）　保護者との相互理解
　　ア　日常の保育に関連した様々な機会を活用し子どもの日々の様子の伝達や収集、保育所保育の意図の説明などを通じて、保護者との相互理解を図るよう努めること。

○幼保連携型認定こども園教育・保育要領（平29・3・31内閣・文科・厚労告1）
　第4章　子育ての支援
　第2　幼保連携型認定こども園の園児の保護者に対する子育ての支援

1　日常の様々な機会を活用し、園児の日々の様子の伝達や収集、教育及び保育の意図の説明などを通じて、保護者との相互理解を図るよう努めること。

|参考資料|
○保育所保育指針解説（平30・2厚生労働省）
　第4章　子育て支援
　1　保育所における子育て支援に関する基本的事項
　(1)　保育所の特性を生かした子育て支援
　　ア　保護者に対する子育て支援を行う際には、各地域や家庭の実態等を踏まえるとともに、保護者の気持ちを受け止め、相互の信頼関係を基本に、保護者の自己決定を尊重すること。
　　　【保護者に対する基本的態度】　〔省略〕
　　　【保護者とのコミュニケーションの実際】
　　　保育所における保護者とのコミュニケーションは、日常の送迎時における対話や連絡帳、電話又は面談など、様々な機会をとらえて行うことができる。保護者に対して相談や助言を行う保育士等は、保護者の受容、自己決定の尊重、プライバシーの保護や守秘義務などの基本的姿勢を踏まえ、子どもと家庭の実態や保護者の心情を把握し、保護者自身が納得して解決に至ることができるようにする。
　　　〔以下省略〕

第 2 章

保護者対応に関する相談

60

第1 保護者からの要望

16 園児の発達に合っていない遊具で遊ばせないことにつきクレームを言う保護者への対応は

相談内容　当園では、近隣の公園で外遊びをすることがよくあります。

たまたま、公園での外遊び時の様子をある保護者が見る機会がありました。その保護者から、「親子で公園で遊ぶ際には、アスレチックで遊ばせているので、園でもアスレチックで遊ばせてほしい」と言われました。しかし、当該園児の発達に合っていないので、園で遊ぶ際にはそのアスレチックでは遊ばせられませんとお答えしました。

すると、その保護者は保育士・保育教諭の回答に不満を募らせ、「親子で遊ぶときにはできたのだから、そのアスレチックで遊ばせてほしい」としつこく要求されています。どう対応したらよいでしょうか。

ポイント

① 保護者から、「親子で遊ぶときはできた」という状況を詳しく聞き取ります。
② 園全体で保護者の要求を検討し、検討結果を当該保護者に伝えます。

回答

1　困りごとの診断

本ケースでは、園児の発達に合っていない遊具で遊ばせない保育者

の方針にクレームを言う保護者の対応をお悩みです。

　保育所保育指針には、「子どもの発達について理解し、一人一人の発達過程に応じて保育すること。その際、子どもの個人差に十分配慮すること。」(第1章1(3)ウ)との記載があります。また、幼保連携型認定こども園教育・保育要領にも、「園児の生活経験がそれぞれ異なることなどを考慮して、園児一人一人の特性や発達の過程に応じ、発達の課題に即した指導を行うようにすること。」(第1章第1・1(4))との記載があります。

　このように、保育者は、園児一人一人の発達過程に応じた教育・保育をすることが基本となっています。さらに、園は集団の生活を基本としますので、個別的な対応には物理的な限界があります。

　このことを保護者に理解してもらう必要があります。

2　対応方法

　本ケースでは、当該保護者は、「親子で遊ぶときにはできたのだから、そのアスレチックで遊ばせてほしい」と言っています。そこで、どのような状態で遊べたのか、親の援助なしに遊べたのか等、詳しく聞き取ります。

　もし、親子のマンツーマンで親が簡単にでも手助けしながら遊べたというのであれば、本当に当該園児が一人で安全に遊べるといえるかは疑問です。

　保育者とのマンツーマンで同じことは再現できるのかもしれませんが、集団生活を基本とする園で、保育者がそのマンツーマンを行う必要があるのか、園全体での検討が必要です。

　園全体で検討することにより、様々な角度から問題を検討することができます。また、当該保護者に対する回答もより説得的なものとな

ることが期待できます。

　最後に、園での検討結果を当該保護者に伝えましょう。当該保護者に対し、当該アスレチックがどのように当該園児の発達に合っていないかを詳しく説明しましょう。その際には、いつ頃までにそのアスレチックで遊べる見通しも付け加えると、保護者も安心すると考えられます。

3　再発防止策

　園児の発達について、あらかじめ保護者に理解してもらうため、お便りや保護者会等で、各年齢の発達について意識的に、詳細に、お知らせをすることが考えられます。

　本ケースでは詳細は不明ですが、園児の発達に合っていない遊具で遊ばせるよう、保護者が園にしつこく要求する背景には、何か別の問題が隠されている可能性があります。保護者との話合いを重ねるうちに、実は自分の子どもの発達について心配していることが分かるかもしれません。

　保護者とのやり取りはできるだけ記録に残し、園だけでは手に負えない場合は、発達の専門職や行政等に相談することも考えられます。

先輩保育士・保育教諭からのアドバイス

　本ケースのような場合には、まず、事実確認を行います。
　その結果、保育者の対応の方に問題がある場合は、方針を変更することを保護者に伝えます。
　反対に、その保育に意図があり、客観的にも説明できる場合には、保護者に丁寧に説明を行い、納得してもらいます。

参考法令

○保育所保育指針（平29・3・31厚労告117）
　第1章　総　則
　1　保育所保育に関する基本原則
　（3）　保育の方法
　　　　保育の目標を達成するために、保育士等は、次の事項に留意して保育しなければならない。
　　　ウ　子どもの発達について理解し、一人一人の発達過程に応じて保育すること。その際、子どもの個人差に十分配慮すること。

○幼保連携型認定こども園教育・保育要領（平29・3・31内閣・文科・厚労告1）
　第1章　総　則
　第1　幼保連携型認定こども園における教育及び保育の基本及び目標等
　1　幼保連携型認定こども園における教育及び保育の基本
　（4）　乳幼児期における発達は、心身の諸側面が相互に関連し合い、多様な経過をたどって成し遂げられていくものであること、また、園児の生活経験がそれぞれ異なることなどを考慮して、園児一人一人の特性や発達の過程に応じ、発達の課題に即した指導を行うようにすること。

17 保護者より〇〇ちゃん（特定の園児）と遊ばせないでほしいと言われた場合の対応は

相談内容　ある園児（「A」とします。）の保護者から、同じクラスの〇〇ちゃん（「B」とします。）とは遊ばせないでほしいと言われました。

Aの保護者とBの保護者との間で、何らかのトラブルがあったようで、AとBとが仲良くすると、園外でも遊ぶ約束をしてきたりするので困るそうです。

AとBの保護者間のトラブルに園が関与するつもりはありませんが、Aの保護者の要求に応じることは難しいと考えます。どう対応したらよいでしょうか。

ポイント

① 園全体でAの保護者の要求を検討し、専門家の立場からの回答をします。
② 日頃から、保護者にも、保育士・保育教諭が教育・保育の専門家であることを認識してもらえるような活動を行うことが考えられます。

回　答

1　困りごとの診断

本ケースでは、保護者より特定の園児と遊ばせないでほしいと言われた場合の対応をお悩みです。

まずは、当該保護者が、なぜそのような要求を園にしてくるのか、

理由を丁寧に聞き取りましょう。

　次に、園としてはその要求に応じられるのか、それとも、何らかの理由があってその要求に応じられないのかを園全体で検討します。園全体で検討することにより、様々な角度から問題を検討することができます。また、当該保護者に対する回答も、より説得的なものとなることが期待できます。

　最後に、園での検討結果を当該保護者に伝えます。

　園からの回答が、当該保護者の納得のいくものでなかった場合は、再度、当該保護者から同じ要求が来ることが考えられます。しかし、園としては応じられない正当な理由がある限り、根気よく説明するようにしましょう。

　なお、当該保護者が執拗に要求してきて園の保育者たちの業務に支障が生じるというような場合は、明らかに度を越していますので、警察や行政に相談したり、弁護士等の専門家を窓口にしたりしてください。

2　対応方法

　本ケースのAの保護者が、AをBと遊ばせないでほしいと要求してきた理由はBの保護者とのトラブルが原因ということです。

　本ケースの園のお考えのとおり、園としてはAとBの保護者間のトラブルには介入する必要がないと考えます。

　その上で、園としては教育上、AとBとを遊ばせないということは、Aの発達にとってプラスにならない、かえってマイナスになることも考えられる、ということを、例えば保育所保育指針や幼保連携型認定こども園教育・保育要領などの該当箇所を示しながら、説明してください。

　教育・保育の専門家としての保育者の知見を活かし、Aの保護者の要求に応じられない正当な理由を説明してください。

3　再発防止策

　残念なことですが、保護者の中には、保育者を「子守」程度にしか考えていない方もいらっしゃいます。
　日頃から、教育・保育の専門家であることを上手にアピールしたり、保護者からの教育・保育の相談に専門家としての知識を活かして回答したりすることで、信頼を得ておくと、保護者からの教育・保育の観点からは問題があると考えられる要求に対しても、お断りしやすくなると考えます。

先輩保育士・保育教諭からのアドバイス

　保育者としては、その園児の気持ちを大事に考えると、保護者の言いなりになる必要はないと考えます。しかし、その一方で、保護者の思いにも配慮することが望ましいと思います。
　そこで、保護者とよく話し合い、その園児はどう思っているのか、その園児が関わり合いたいと思っている場合には、保育者はその園児の思いを阻害できないこと等を丁寧に伝え、保護者に理解していただくようにします。

参考法令
○保育所保育指針（平29・3・31厚労告117）
　第1章　総　則
　4　幼児教育を行う施設として共有すべき事項
　(2)　幼児期の終わりまでに育ってほしい姿
　　エ　道徳性・規範意識の芽生え
　　　友達と様々な体験を重ねる中で、してよいことや悪いことが分かり、自分の行動を振り返ったり、友達の気持ちに共感したりし、相手の立場に立って行動するようになる。また、きまりを守る必要性が分かり、自分の気持ちを調整し、友達と折り合いを付けながら、きまりをつくったり、守ったりするようになる。

○幼保連携型認定こども園教育・保育要領（平29・3・31内閣・文科・厚労告1）
　第1章　総　則
　第1　幼保連携型認定こども園における教育及び保育の基本及び目標等
　　3　幼保連携型認定こども園の教育及び保育において育みたい資質・能力及び「幼児期の終わりまでに育ってほしい姿」
　　(3)　次に示す「幼児期の終わりまでに育ってほしい姿」は、第2章に示すねらい及び内容に基づく活動全体を通して資質・能力が育まれている園児の幼保連携型認定こども園修了時の具体的な姿であり、保育教諭等が指導を行う際に考慮するものである。
　　　エ　道徳性・規範意識の芽生え
　　　　　友達と様々な体験を重ねる中で、してよいことや悪いことが分かり、自分の行動を振り返ったり、友達の気持ちに共感したりし、相手の立場に立って行動するようになる。また、きまりを守る必要性が分かり、自分の気持ちを調整し、友達と折り合いを付けながら、きまりをつくったり、守ったりするようになる。

第2章　保護者対応に関する相談

18　保護者からの午睡をさせないでほしい、午睡をさせてほしい等、個別の要望にどう応えたらよいか

相談内容　当園では、年齢により開始時間は異なりますが、幼児は早いクラスで、大体12時半過ぎから15時の間に午睡の時間を設けています。

　保護者により、いつも午睡をさせないでほしいとか、必ず午睡をさせてほしい等の要望があります。また、保護者から、日によって、今日は午睡はさせないでほしいとか、今日は午睡はさせてほしい等の要望があります。

　このような保護者ごとや日にちごとの個別の要望に、どう対応したらよいでしょうか。

ポイント

① 　保護者の要望を踏まえた上で、保育士・保育教諭が教育・保育の専門家として、当該園児の午睡の必要性を判断します。

② 　あらかじめ、午睡の判断は当日の園児の状況で保育者が行うことをお知らせしておくことで、保護者からの細かい要望が来なくなる可能性もあります。

回　答

1　困りごとの診断

　本ケースでは、保護者や日にちによって異なる、午睡の有無についての個別の要望にどう対応したらよいかをお悩みです。

　保育所保育指針によれば、「午睡は生活のリズムを構成する重要な

要素であり、安心して眠ることのできる安全な睡眠環境を確保するとともに、在園時間が異なることや、睡眠時間は子どもの発達の状況や個人によって差があることから、一律とならないよう配慮すること。」（第1章3(2)オ）とされています。幼保連携型認定こども園教育・保育要領にも同様の記載があります（第1章第3・4(4)）。

　保育所保育指針解説によれば、午睡を必要とする子どもと必要としない子どものどちらにとっても、午睡の時間に安心して眠ったり、活動したりできるように配慮する必要がある、とされています。

　そこで、保護者の午睡に対する要望を踏まえた上で、園児にとって午睡が必要か否かを保育者が専門家として判断し、午睡をさせたり、させなかったりするという柔軟な対応を取る必要があります。

2　対応方法

　まずは、保護者からの午睡についての要望の理由を聞き取りましょう。例えば、園での午睡が原因で、夜なかなか寝付けず就寝時間が遅くなっている、などといった理由があるかもしれません。

　次に、午睡についての要望の理由を踏まえた上で、保育者が当該園児の午睡の必要性について判断します。例えば、保護者は午睡が原因で園児が夜寝付けないと言っていても、当該園児はいつも午睡の時間に眠そうにしているのであれば、午睡が必要だと判断することになるでしょう。この場合、その事実を保護者に伝え、夜寝付けない原因を他に探すことになります。

　最後に、保育者が、午睡の必要がないと判断した園児については、他の園児の午睡の妨げにならないように別の場所に集めて、絵本を読んだり塗り絵をしたりして、静かに遊ぶという対応を取ることが考えられます。

3 再発防止策

　保護者からの午睡についての要望に対し、個別に対応することは忙しい保育者にとっては煩雑な作業かもしれません。しかし、保育者には、園児の発達の状況や個人差に配慮することが求められています（保育所保育指針第1章1(3)ウ参照）。

　保護者に対しては、あらかじめ、「午睡については保育者が毎日、園児ごとに必要性を判断した上で柔軟に対応します。午睡の必要がないと判断した園児は別室で静かに活動をします。」とお知らせしておくことが考えられます。

　また、一見迂遠ですが、保護者と保育者との間の信頼関係を築くことで、保護者からの毎日の午睡についての細かい要望がなくなる可能性もあります。

先輩保育士・保育教諭からのアドバイス

　午睡について個別の要望があったときは、保護者に対して、「できるだけご要望に沿うようにしますが、園児が寝たいと言っていたり、どう見ても眠そうだという状況だったりした場合は、寝かせることがあります。」と伝えています。
　逆に、園児が寝たくないと言う場合には、他の園児の午睡の妨げにならない場所で、静かに絵本を読むなど、ゆっくりと過ごせる時間にしています。

参考法令
○保育所保育指針（平29・3・31厚労告117）
　第1章　総　則
　1　保育所保育に関する基本原則
　　(3)　保育の方法
　　　ウ　子どもの発達について理解し、一人一人の発達過程に応じて保

育すること。その際、子どもの個人差に十分配慮すること。
3　保育の計画及び評価
　(2)　指導計画の作成
　　　オ　午睡は生活のリズムを構成する重要な要素であり、安心して眠ることのできる安全な睡眠環境を確保するとともに、在園時間が異なることや、睡眠時間は子どもの発達の状況や個人によって差があることから、一律とならないよう配慮すること。

○幼保連携型認定こども園教育・保育要領（平29・3・31内閣・文科・厚労告1）
第1章　総則
第3　幼保連携型認定こども園として特に配慮すべき事項
　4　指導計画を作成する際には、この章に示す指導計画の作成上の留意事項を踏まえるとともに、次の事項にも特に配慮すること。
　　(4)　午睡は生活のリズムを構成する重要な要素であり、安心して眠ることのできる安全な午睡環境を確保するとともに、在園時間が異なることや、睡眠時間は園児の発達の状況や個人によって差があることから、一律とならないよう配慮すること。

参考資料
○保育所保育指針解説（平30・2厚生労働省）
第1章　総則
3　保育の計画及び評価
　(2)　指導計画の作成
　　　オ　午睡は生活のリズムを構成する重要な要素であり、安心して眠ることのできる安全な睡眠環境を確保するとともに、在園時間が異なることや、睡眠時間は子どもの発達の状況や個人によって差があることから、一律とならないよう配慮すること。
　　　　午睡は、体力を回復したり、脳を休ませたりするものであり、乳幼児期の発達過程や一日の活動において必要なことである。しかし、睡眠の発達には個人差があるため、3歳以上児においては、保育時間によって午睡を必要とする子どもと必要としない子どもが混在する場合もある。そのため、どちらの子どもにとっても、午

睡の時間に安心して眠ったり、活動したりできるように配慮する必要がある。午睡を必要とする子どもには、落ち着いた環境の下で眠ることができる場を確保する。同様に、午睡をしない子どもにとっても、伸び伸びと遊ぶことができる充実した環境や体制を整えておくことが求められる。

　また、普段は午睡を必要としない子どもであっても、午前中の活動などで疲れが見られる場合や、体調が良くない場合には、子どもの状態に応じて、午睡をしたり静かに体を休めたりすることができるように配慮する。

　さらに、5歳頃の子どもについては、就学後の生活も見通し一日の生活のリズムを形成していく観点から、保護者と連携をとりつつ、一年間の流れの中で子どもの心身の健康の状況と併せて考えながら、徐々に午睡のない生活に慣れていくようにすることが大切である。

　子ども一人一人の成長に合わせて、その日の体調なども考慮した上で、保護者とも相談しながら、午睡を一律にさせるのではなく、発達過程に合わせて、子ども一人一人が自分で生活のリズムを整えていけるようにしていくことが望ましい。

第2　保護者への要望

19　園児の身なりや湿疹などに無関心な保護者への対応方法は

相談内容　園児の身なりや湿疹などに無関心な保護者がいます。

園児の爪が伸びていても、保育士・保育教諭から園児の爪を切ってくるように言われるまでは、切ってきてくれません。

どう対応したらよいでしょうか。

ポイント

① まずは保護者と話し合い、保護者が適切な養育をできない原因を分析しましょう。
② 園の支援では改善できない問題である場合、市町村等の適切な外部の関係機関と協働することが考えられます。

回答

1　困りごとの診断

本ケースでは、園児の身なりや湿疹などに無関心な保護者への対応をお悩みです。

子どもをひどく不潔にする、重い病気になっても病院に連れて行かないといった行為は、「児童の心身の正常な発達を妨げるような」「保護者としての監護を著しく怠ること」であり、児童虐待防止法で定義する虐待（ネグレクト）に当たります（児童虐待2三）。

虐待に当たれば、園は、市町村、都道府県の設置する福祉事務所若

第2章　保護者対応に関する相談

しくは児童相談所又は児童委員を介して市町村、都道府県の設置する福祉事務所若しくは児童相談所に通告しなければなりません（児童虐待6①）。

　本ケースの保護者は、保育者から爪を切るように言われれば切ってくるので、園児の世話が行き届いていないだけで、ネグレクトにまでは至っていないような印象を受けます。

2　対応方法

　まずは、保護者から話を聞き、①子育てに関心がないのか、②関心がないわけではないが、多忙だったり、保護者自身の病気だったり、知識不足だったり、何らかの理由で実行に移せないのか、原因を分析しましょう。

　園には保護者の子育て支援も求められていますので、保護者とよく話し合って、園の支援だけで、園が考える最低限必要な子育てを当該保護者ができるようになるかを検討します。

　園の支援だけでは難しい場合には、市町村（保健センター等の母子保健部門・子育て支援部門）、児童相談所、福祉事務所（家庭児童相談室）等の関係機関に協働を求めてください。

3　再発防止策

　入園のしおりやお便り、園内の掲示板で、①爪は1週間に1回程度は切ってくること、②汗をかきやすい季節には、湿疹などができないようにこまめに着替えるので、着替えを上下各〇枚ロッカーに入れておくことなど、園から保護者への要望を具体的に記載し、呼びかけることが考えられます。

　単に園児の世話が行き届かず、具体的な指示さえあれば実行に移せる保護者であれば、これらの具体的な記載や呼びかけで状況が改善することが期待できます。

先輩保育士・保育教諭からのアドバイス

　園児の身なりや湿疹などによく注意してもらうよう、園だよりやクラスだよりなどで呼びかけます。
　それでも改善が見られない場合は、園児の身なりや湿疹などに気をかけられない保護者の心情に配慮し、保護者の思いを尊重しながら、個別にお願いをします。

参考法令

○保育所保育指針（平29・3・31厚労告117）
　第4章　子育て支援
　1　保育所における子育て支援に関する基本的事項
　　(1)　保育所の特性を生かした子育て支援
　　　ア　保護者に対する子育て支援を行う際には、各地域や家庭の実態等を踏まえるとともに、保護者の気持ちを受け止め、相互の信頼関係を基本に、保護者の自己決定を尊重すること。
　　　イ　保育及び子育てに関する知識や技術など、保育士等の専門性や、子どもが常に存在する環境など、保育所の特性を生かし、保護者が子どもの成長に気付き子育ての喜びを感じられるように努めること。
　　(2)　子育て支援に関して留意すべき事項
　　　ア　保護者に対する子育て支援における地域の関係機関等との連携及び協働を図り、保育所全体の体制構築に努めること。
　2　保育所を利用している保護者に対する子育て支援
　　(1)　保護者との相互理解
　　　ア　日常の保育に関連した様々な機会を活用し子どもの日々の様子の伝達や収集、保育所保育の意図の説明などを通じて、保護者との相互理解を図るよう努めること。
　　(3)　不適切な養育等が疑われる家庭への支援
　　　ア　保護者に育児不安等が見られる場合には、保護者の希望に応じて個別の支援を行うよう努めること。

イ　保護者に不適切な養育等が疑われる場合には、市町村や関係機関と連携し、要保護児童対策地域協議会で検討するなど適切な対応を図ること。また、虐待が疑われる場合には、速やかに市町村又は児童相談所に通告し、適切な対応を図ること。

○幼保連携型認定こども園教育・保育要領（平29・3・31内閣・文科・厚労告1）
　第4章　子育ての支援
　第1　子育ての支援全般に関わる事項
　　1　保護者に対する子育ての支援を行う際には、各地域や家庭の実態等を踏まえるとともに、保護者の気持ちを受け止め、相互の信頼関係を基本に、保護者の自己決定を尊重すること。
　　2　教育及び保育並びに子育ての支援に関する知識や技術など、保育教諭等の専門性や、園児が常に存在する環境など、幼保連携型認定こども園の特性を生かし、保護者が子どもの成長に気付き子育ての喜びを感じられるように努めること。
　　3　保護者に対する子育ての支援における地域の関係機関等との連携及び協働を図り、園全体の体制構築に努めること。
　第2　幼保連携型認定こども園の園児の保護者に対する子育ての支援
　　1　日常の様々な機会を活用し、園児の日々の様子の伝達や収集、教育及び保育の意図の説明などを通じて、保護者との相互理解を図るよう努めること。
　　8　保護者に育児不安等が見られる場合には、保護者の希望に応じて個別の支援を行うよう努めること。
　　9　保護者に不適切な養育等が疑われる場合には、市町村や関係機関と連携し、要保護児童対策地域協議会で検討するなど適切な対応を図ること。また、虐待が疑われる場合には、速やかに市町村又は児童相談所に通告し、適切な対応を図ること。

20　園の貸出しの衣服を何度言っても返却しない保護者への対応は

相談内容　当園では、園児には各自、お着替えのストックをお願いしていますが、園児個人のストックが切れていた場合、園の衣服を貸し出すことがあります。

園の貸し出した衣服は、家庭で洗濯して返してもらうルールになっており、多くの保護者はそれに従ってくれています。

ところが、保護者の中には、園の貸出しの衣服を返すよう保育士・保育教諭が何度言っても、返してくれない保護者がいます。どう対応したらよいでしょうか。

ポイント

① 当該保護者に事情を聞いた上で、返却してくれない理由を確認しましょう。その上で、期限を定め、期限を過ぎても返せない場合には弁償するという約束を取りつけるのも一つの選択肢です。
② 保護者にはあらかじめ、返却されない場合には最終的には弁償してもらうことをお知らせしておくということも考えられます。

回　答

1　困りごとの診断

本ケースでは、園の貸出しの衣服を何度言っても返却しない保護者への対応をお悩みです。

法律上は、園が衣服を貸し出すことは、使用貸借契約（民593）に当たります。そして、園のルールでは洗濯して返却するということですので、衣服の貸出しを受けた保護者は洗濯をした上で返却する義務を負います（民594・597）。

　また、保護者は衣服を返却する義務を履行しないことについて、債務不履行に基づく損害賠償責任を負います（民415）。

　衣服の返却が遅れたくらいであれば、具合的な損害は生じていないことが多いでしょうが、仮に衣服を紛失してしまって、返却することができない場合などには、保護者は、園が貸出し用の衣服の返却を受けられなかったために生じた損害をお金に換算して支払う義務を負います。

2　対応方法

　園としては、衣服の返却をしてくれない保護者に事情を聞いてください。

　「何度言っても返してくれない」ということですので、貸出しから時間が経っているのであれば、衣服を紛失している可能性もあります。

　いつまでに返却をするつもりなのかを聞き、園と保護者との間で期限を決め、その期限を過ぎてしまった場合は、その衣服の価値と同じだけの金額を支払うことを約束してもらいましょう。

　なお、保護者が約束することを拒んでも、法律上は債務不履行又は不法行為（民709）に基づき損害賠償請求をすることは可能です。

3　再発防止策

　園と保護者との信頼関係の上に成り立つ教育・保育の現場において、保護者に弁償させるというのは、園の心情としてはなかなか実行し難いことであると考えます。

入園のしおりや重要事項説明書等に、園の貸出し衣類についてのルールを明確に記載し、「返却できない場合は実費を負担していただきます。」とあらかじめ記載しておくことも重要です。
　園としては、貸し出した衣類が一定数返却されなくても、大きな損害を負わないように、日頃から、園児の家庭で不要となった衣服を積極的に寄付してもらい、園の貸出し用の衣服とすることも考えられます。

> 先輩保育士・保育教諭からのアドバイス
>
> 　保育者は、園の貸し出した衣類の返却を、何度もお願いします。保護者は忙しい方が多いので、返却する気はあっても、ついつい忘れてしまうことがあります。
> 　どうしても難しい場合は費用弁償を行ってもらいますが、やはり保育者と保護者の信頼関係が大事な現場ですので、園長に相談して、軽微な場合は目をつぶるということもあります。

21　お迎え時のマナーやモラルに問題がある保護者がいたら

相談内容　お迎え時のマナーやモラルに問題のある保護者にはどう対応すればよいでしょうか。

お迎えに来ても、自分の子どもが遊んでいるとずっと待つだけの保護者がいます。また、自分の子どもはお構いなしに、他の保護者と立ち話を続ける保護者もいます。その上、お迎えの際に駐車違反を繰り返す保護者もいます。

ポイント

① 園が保護者に順守を求めるお迎えのマナーやモラルは、あらかじめ文書にして保護者にお知らせしておきましょう。
② 注意しても直らない場合は、強硬な手段に出ることも選択肢に入れざるを得ません。

回　答

1　困りごとの診断

本ケースでは、お迎え時のマナーやモラルに問題がある保護者への対応をお悩みです。

マナーやモラルは人によって基準が異なりますので、園が保護者に期待するマナーやモラルはできるだけ明確にし、あらかじめ書面で配っておくことが望ましいです。

園がマナーやモラル違反と考える保護者の行動については、適宜保育士・保育教諭が保護者に注意をし、それがあらかじめ園からお知ら

せしていなかったマナーやモラルであれば、新たに保護者に配るお便り等でお知らせをし、保護者の順守事項に追加します。

2 対応方法

まずは、マナーやモラル違反の行為を行っている当該保護者に注意をしましょう。

本ケースの駐車違反については、例えば、駐車違反をしている路上駐車車両の陰から飛び出す園児に、他のドライバーが気づかず事故が起こることも考えられます。大変危険な行為ですので、保護者に何度注意しても繰り返すということであれば、警察に取り締まりを依頼することも考えられます。

次に、当該マナー・モラル違反の行為があらかじめ園から保護者にお願いしている順守事項に入っていなかった場合は、新たに追加し、お便りや掲示等で保護者にお知らせします。

3 再発防止策

お迎え時のマナーやモラルについては、各園でも様々な悩みがあることでしょう。

本ケースとは異なりますが、お迎え時間を厳守してもらえず、保育者の退勤時刻が遅くなることに悩んだ園があります。その園は、行政にも相談した上で、閉園時間を過ぎた場合、5分遅れるごとに〇〇円の超過料金を支払う、と決めてルール化しました。

本ケースのような、迎えに来てもすぐに帰らない場合に、このような制度を設けることは容易なことではありませんが、保護者の態様があまりにひどく、何度注意しても直らない場合には、何らかのペナルティを考えざるを得ないかもしれません。

第2章　保護者対応に関する相談

先輩保育士・保育教諭からのアドバイス

　お迎え時のマナーやモラルに問題がある行為については、まずは、園だよりやクラスだよりなどで注意喚起を行っています。
　それでも改善が見られない場合は、個別に保護者に話をし、改善を求めるという対応をしています。
　その際、園児にとって危ないから、ということは必ず伝えるようにしています。

第3　保護者と保育士・保育教諭との問題

22　男性保育士・保育教諭が女性保護者と不倫し、女性保護者と離婚協議中の男性保護者から保育者と園が訴えられたら

相談内容　園の男性保育者が、ある園児の女性保護者と不倫をしていた（性的関係を持っていた）ことが分かりました。

　その園児の保護者同士は離婚協議中で、女性保護者の不倫を知った男性保護者が、男性保育者と園とを訴えると言っています。男性保育者は、園に迷惑をかけて申し訳ないと退職届を出して退職してしまいました。

　園としてはどうしたらよいでしょうか。

ポイント

① 　弁護士を立てる場合には、園と男性保育者との利益が相反しますので、それぞれ別の代理人弁護士を立てて対応する必要があります。

② 　園が男性保育者の不倫の責任を負うかについて、法的な責任は否定される可能性が高いと考えますが、園への在籍を続ける限り男性保護者は園児の保護者ですので、道義的な謝罪をし、園との信頼関係の再構築を目指しましょう。

回答

1　困りごとの診断

　本ケースでは、男性保育者が、離婚協議中、つまりまだ婚姻中の女

性保護者と性的関係を持っていた（以下「不貞行為」といいます。）ということです。

不貞行為は、保護者同士の婚姻関係が破綻していない限り、配偶者である男性保護者に対する不法行為（民709）となります。

男性保育者が不貞行為につき不法行為責任を負う場合、園は使用者責任（民715）を負うのでしょうか。

使用者責任とは、被用者（男性保育者）が「事業の執行について」第三者に損害を与えた場合に、使用者（園）が被用者に代わってその損害を賠償する責任を負うというものです。

ここで、「事業の執行について」とは、「被用者の職務執行行為そのものには属さないが、その行為の外形から観察して、あたかも被用者の職務の範囲内の行為に属すると見られる場合」も含まれ（外形標準説、判例・通説）、被用者の「事業の執行行為を契機とし、これと密接な関連を有すると認められる行為」もこれに含まれる（最判昭44・11・18判時580・44）と考えられています。

本ケースにおいて、男性保育者の不法行為の原因である不貞行為が外形的にみて園の職務の範囲内の行為であるとは認められません。また、園児の教育・保育のために女性保護者とコミュニケーションを取ることは園の事業の一環であるとしても、男性保育者と女性保護者との不貞行為は園の事業とは離れた両者の自由な意思に基づくものと認められる可能性が高く、園の事業と密接関連性を有するとも認められないと考えられます（東京地判平25・12・25（平24（ワ）5790））。

したがって、男性保育者の不貞行為による不法行為責任につき、園が使用者責任を負う可能性は低いと考えます。

2 対応方法

男性保育者自身は、不法行為責任を負う可能性が高いでしょう。

園と男性保育者とは、利益が相反しますので、園は、弁護士を立てる場合には、男性保育者の弁護士とは別の弁護士を立てて対応する必

要があります。

　離婚後の親権を男性保護者が有することとなった場合、その園児が退園したり他所へ転園したりしない限りは園児の保護者ですので、現実問題としては、園は男性保護者との信頼関係を、再度、築き直す必要があります。

　上述のとおり、園は男性保育者の不法行為につき、法的には使用者責任を負わない可能性が高いですが、道義的には園児や男性保護者に対して申し訳ないという気持ちになるでしょうから、深くお詫びをすることが考えられます。

3　再発防止策

　女性保育者と男性保護者との間の不倫については、女性保育者を守る仕組みを整えている園も多いことでしょう。

　その反面、男性保育者への守りが手薄になりがちであるという話も聞きます。

　男性・女性にかかわらず、いずれの性別の保育者も保護者との間で過度に親密な関係にならないよう、保護者との接し方については園内でルールを取り決め、又は再確認し、必要があれば定期的な研修等を行い、保育者と保護者とが節度を持った良い関係を築けるような仕組みを整えましょう。

> **他園の園長からのアドバイス**
>
> 　ある園児の連絡帳が、その園児の男性保護者と特定の未婚の女性保育者との間の交換日記のような内容になっていることを他の保育者から知らされ、慌てて園児の連絡帳の記入は交替制にし、複数の保育者が記入する体制に変えたことがあります。
> 　その他にも、保育者が異性の保護者から個別の相談を受ける際には必ず主任が立ち会う、などといった園内のルールを取り決めています。

23 何かとクレームをつけてくる保護者がいたら

相談内容　何かとクレームをつけてくる保護者がいて困っています。

園のルールから行事の内容に至るまで、少しでも自分の気に入らない点があると、いちいちクレームをつけてきます。

保育士・保育教諭たちも対応に困っていて、転園をお願いしたいのが正直なところです。

どのように対応したらよいでしょうか。

ポイント

① クレームを園改善の気づきと捉え、前向きに対応します。
② 複数人で対応することが基本です。第三者委員や行政の立会いも検討してください。

回答

1　困りごとの診断

本ケースでは、何かとクレームをつけてくる保護者への対応をお悩みです。

まず、クレームについては、多くの企業はクレームに商品やサービス改善のヒントがあると考え、クレームを「財産」として扱っている現状があります。

また、保育所や幼保連携型認定こども園のような社会福祉法2条に定める社会福祉事業を経営する者に対する行政の通知（「社会福祉事業の経営者による福祉サービスに関する苦情解決の仕組みの指針について」（平12・6・7障452・社援1352・老発514・児発575、最終改正：平29・3・7雇児発0307第1・

社援発0307第6・老発0307第42))においても、「自ら提供するサービスから生じた苦情について、自ら適切な対応を行うことは、社会福祉事業の経営者の重要な責務である。」「このような認識に立てば、苦情への適切な対応は、自ら提供する福祉サービスの検証・改善や利用者の満足感の向上、虐待防止・権利擁護の取組の強化など、福祉サービスの質の向上に寄与するものであり、こうした対応の積み重ねが社会福祉事業を経営する者の社会的信頼性の向上にもつながる。」との記載があります。

そこで、苦情解決の仕組みを活かして解決に当たりましょう。

2　対応方法

法律（児童福祉施設の設備及び運営に関する基準14の3①、幼保連携型認定こども園の学級の編制、職員、設備及び運営に関する基準13①）に基づき、園には苦情受付窓口の設置など、必要な措置が講じられていると考えられます。

まずは、その仕組みを利用しましょう。

苦情解決の仕組みとして、第三者委員を入れている園も多いと思います。第三者委員の立会いの下、本ケースの保護者からのクレームを聞き取って持ち帰り、園の保育者全員で、園の改善できること、できないことを話し合い、結果を保護者に伝えます。

苦情を受け付ける窓口は一本化するのが望ましいです。そして、直接保護者と交渉をする苦情解決担当者には、物理的な負担や心理的な負担が大きくかかります。そこで、苦情解決担当者を複数定めてチームで対応し、解決策は園全体で検討するようにしてください。

転園を求めるのは最終手段です。転園を求めることを考えている場合は、早い段階から逐一行政にも報告し、行政にも立会いを求めながら保護者との話合いを進めるのがよいと考えます。

3　再発防止策

　初動対応で新たなクレームを生まないよう、クレームの初期対応について、全保育者で園のルールを共有しましょう。

　特定の保育者がクレームを抱え込むことのないよう、クレームについては園の保育者全員で対応することも再度周知しておきましょう。

先輩保育士・保育教諭からのアドバイス

　何かとクレームをつけてくる保護者がいた場合は、そのクレームの都度、対応します。

　園の手に負えない場合には、顧問弁護士に相談して対応します。

参考資料
○福祉サービスに関する苦情解決の仕組みの概要図

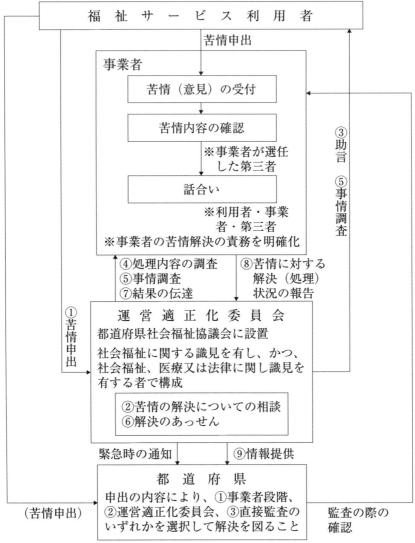

(厚生労働省ホームページ（https://www.mhlw.go.jp/shingi/2004/04/s0420-6b1-3.html（2019.9.17））を加工して作成）

第4　保護者同士の問題

24　一方の親からもう一方の親が迎えに来ても園児に会わせないでほしいと言われたら

相談内容　ある園児の母親から、園児の父親がお迎えに来ても、園児に会わせないでほしいと言われました。

実は、その母親は園児の父親との間で重大な問題が生じ、1か月前から実家に園児と帰っている、昨日、園児の父親に離婚の話を切り出したので、普段はお迎えに来ない園児の父親がお迎えに来るかもしれない、ということでした。

役所に対応を尋ねましたが、夫婦間で離婚が成立しているわけではないので、園児に会わせないわけにはいかないのではないかという答えでした。

園としてはどう対応したらよいでしょうか。

ポイント

① 離婚が成立するまでは、園児は父母の共同親権に服します。しかし、別居中の父母の子の引渡しは、難しい法律問題を含んでおり、また、園は、父母のいずれの主張が正しいかを判断する地位にもなく、慎重な対応が求められます。

② 現実的な対応としては、父親が迎えに来た場合には、母親にすぐ連絡し、母親が迎えに来るまでは父親に園で待っていてもらい、母親と父親との間で話合いをし、どちらが連れ帰るかを決めてもらうようにしましょう。

回　答

1　困りごとの診断

本ケースでは、一方の親からもう一方の親が迎えに来ても園児に会わせないでほしいと言われた場合の対応をお悩みです。

別居中の父母は、婚姻している限り、いずれも園児の親権者となります（民818③）。

そこで、親権者である父親からの要求があれば、園児に会わせざるを得ないと考えます。しかしながら、父親は、お迎えに来ているので、園児を連れて帰ることが確実です。他方の親権者である母親は、園児が連れ去られないよう園に申し入れていますので、園としては安易に園児を父親に引き渡すわけにはいきません。

法律上は、別居中の夫婦の場合で、事実上監護している（現実に子を確保している）親権者に他方の親権者が子の引渡しを求める場合、正しくは、裁判所の手続による必要があり、事実上の方法で一方的に連れ去ることは妥当ではないと考えられています。

これについては、別居中の夫婦の一方により事実上監護されていた子を他方が一方的に連れ去った場合、子を監護していた親権者は、審判前の保全処分という手続により、原則として、引渡しを求めることができるとした裁判例があります（東京高決平20・12・18家月61・7・59）。

また、親権者であっても、事実上監護している他方の親権者の下から子を実力で連れ去った場合に、未成年者略取罪（刑224）が成立するとした判例（最決平17・12・6判タ1207・147）もあります。

しかし、この判例に対しては、最初に子を連れて家を出た親権者（事実上監護している他方の親権者）の行為こそが未成年者略取罪に当たり、この親権者はその子を連れ戻したにすぎないという批判があります。

第2章　保護者対応に関する相談

　そして、日本も批准したハーグ条約（国際的な子の奪取の民事上の側面に関する条約）は、国際的な子の奪取に関するルールではありますが、夫婦の一方が別居の開始から子を連れて転居することは配偶者の子に対する監護権の侵害となり得る、という考え方を含んでおり、監護権の侵害がある奪取がなされた場合には子の返還を請求し得ることになっています。これまでの日本の裁判実務においては、こういった考え方は一般的ではありませんでしたが、これまでの実務の取扱いが変わることも十分に予想されます。

　このように、別居中の夫婦間における子の奪取、引渡しについては、法律上難しい問題があり、慎重な対応が求められます。

2　対応方法

　上記のように、事実上子を監護している保護者に対して、他の保護者が子の引渡しを求めるには裁判上の手続を経る必要があります。このため、単に共同親権者の一方だからという理由で、安易に父親に子を引き渡すことは避けた方がよいでしょう。他方で、子を連れた転居は監護権の侵害がある奪取となり得るという考え方もあり、最終的にはいずれが監護権者にふさわしいかは裁判所で判断されるものであって、園としては父母のいずれの主張が正しいかを判断する地位にはありません。

　このため、現実的な対応としては、父親が迎えに来た場合には、母親にすぐ連絡し、母親が迎えに来るまでは父親に園で待っていてもらい、母親と父親との間で話合いをし、どちらが連れ帰るかを決めてもらうようにしましょう。

3　再発防止策

　父母が別居している場合のお迎えのルールまで決めている園は少な

いかもしれません。

　入園のしおりやお便り等で、「父母の別居中、離婚協議中、離婚後のお迎えは、トラブルが生じる可能性がありますので、父母のどちらがお迎えに来るかは、父母でよく協議をして、園にお知らせください。」ということを、あらかじめお願いしておくことが考えられます。

他園の園長からのアドバイス

　当園では、父母の双方やその代理人弁護士から事実確認を行い、離婚調停で会わせないとの合意があるような場合には会わせないようにしています。
　そうでない場合は、家庭内で協議をしていただき、結果を園に伝えてほしい旨を伝えるようにしています。

25 園児の保護者同士のトラブルを園に相談された場合どうすればよいか

相談内容　園児の保護者同士のトラブルを、園に相談された場合、どうすればよいでしょうか。

園の行事のお手伝いを誰がどのようにやるのかといった揉め事や、お金を立て替えたりおもちゃを貸したりしたのに返してもらえないといったもの、ママ友同士でグループを作って仲間外れにされているというものまで、多種多様なトラブルの相談があります。

ポイント

① 保護者の相談の具体的内容を聞き、園が関与すべき場合か否かを判断します。
② 園が関与すべきでない場合には、適切な相談機関を紹介します。園が関与すべき場合は、園全体で対応し、相談された保育士・保育教諭だけが一人で抱え込むことのないようにします。

回答

1　困りごとの診断

本ケースでは、園児の保護者同士のトラブルを園に相談された場合の対応をお悩みです。

まず、園が直接の原因となっているものについては、園は積極的に相談に乗り、事態の改善を図ります。例えば、園の行事のお手伝いを保護者にお願いしたところ、保護者同士で誰が何のお手伝いをするかや、その方法で揉めている場合等については、園が関与してトラブル

の解消に当たります。

　次に、園が直接の原因となっていないものについては、不用意に関与しないよう注意が必要です。

　ここで確認しておきますと、園は教育・保育の場において、園児の生命・身体・財産等についての安全に配慮すべき義務を負いますが、園児の保護者に対しては安全配慮義務を負うとは考えられていません。

　そのため、保護者同士のトラブルについては、園児の生命・身体・財産等を侵害する可能性があるもの、例えば、保護者同士のいがみ合いがエスカレートして、「子どもを痛めつけてやる」と脅迫された場合等については、園の積極的な関与が必要です。しかし、他の保護者から嫌がらせを受けたことが原因で、保護者が落ち込んでいるというような場合には、園に園児の保護者の精神的負担を軽減するための方策をとる法的な義務があるとは考えられていません。

2　対応方法

　まずは、保護者から話を聞き、その保護者同士のトラブルというものが、①園が直接の原因で生じたトラブルなのか、②園児の生命・身体・財産等を侵害する可能性があるトラブルなのか、③園とは直接の関係がなく生じたトラブルなのか、を分析しましょう。

　①、②の場合については、話を聞いた保育者だけでなく、園全体で問題を共有し、園としてトラブルの解決に当たりましょう。

　③の場合には、原則として、園としての関与は法的には必要がないと考えます。もっとも、保護者が精神的に不安になったり、落ち込んだりして影響を受けるのは園児ですので、保護者に対しては、他の相談機関（民生委員、弁護士会、法テラス、市町村の無料法律相談等）を紹介することも考えられます。

3 再発防止策

　保護者同士のトラブルを保育者に相談されるということは、保護者の保育者に対する信頼の表れとも考えられますが、その全てが園や保育者が責任をもって解決に当たるべきトラブルとは到底考えられません。

　保護者からの相談を受け止めつつも、園としては関与できない、関与すべきでない場合は、それを明確に伝え、適切な相談機関を紹介することで、園や保育者に過度な負担が生じないようにすることが大切です。

> 先輩保育士・保育教諭からのアドバイス
>
> 　まず、相談された保育者が保護者から話を聞き、保育者が関与すべき事案なのか否かを判断します。
> 　関与すべき事案であれば、相談された保育者一人ではなく、園全体で対応します。
> 　関与すべきでない事案であれば、経過観察を行います。
> 　いずれの事案においても、当該保護者の園児や相談に関係する保護者の園児の様子を注意深く見守り、何かいつもと違う様子があれば保護者にお知らせすることを約束して、安心してもらいます。

参考裁判例
○私立幼稚園に園児らを通わせていた保護者である母親宛に誹謗中傷する内容の葉書が送りつけられたり、無言電話などもあって母親がうつ病となり園児らを伴って心中自殺したことから、母親の夫で園児らの父である原告が幼稚園を被告に安全配慮義務違反の債務不履行ないし不法行為を理由に損害賠償を請求した事案において、当該葉書の件が原因で母親が園児らを伴って自殺することは到底予測できるものではなかったし、母親の自殺について被告には経営者として負うべき安全配慮義務違反は

認められないとして原告の請求を棄却した事例（東京地判平16・8・31（平15（ワ）19723））
○市立幼稚園の園児らが殺害された事件の被害園児の両親（原告）らが、幼稚園を設置管理する市に対し、教諭らの安全配慮義務違反を、また加害者（統合失調症に罹患）の夫に対し、精神保健及び精神障害者福祉に関する法律上の保護義務ないし善管注意義務違反を主張し、損害賠償を求めた事案で、教諭ら及び加害者の夫には、加害者が本件加害行為に及ぶとの予見可能性ないし結果回避可能性がないとして請求が棄却された事例（大津地判平23・1・6（平21（ワ）132））

第 3 章

保育士・保育教諭の
労務に関する相談

100

第1 採用

26 人材紹介会社を通じて雇用した保育士・保育教諭が無断欠勤を繰り返し、6日しか勤務しなかったのに紹介料の50％しか返金しない契約となっていたら

相談内容　当園で保育者を募集しましたが、なかなか応募がなく、人材紹介会社を利用することにしました。

人材紹介会社を通じて雇用した保育者が、無断欠勤を繰り返し、2週間のうちに6日間しか勤務せずに、退職してしまいました。紹介料は、保育者の想定年収の30％でした。

人材紹介会社は、契約書のとおり、紹介した保育者が1か月以内で辞めた場合は、紹介料の50％しか返金しないと言います。

人材紹介会社の言いなりになるしかないのでしょうか。

ポイント

① まずは契約書を隅々まで確認し、人材紹介会社に責任の負担を求める規定はないかを検討します。
② 契約前に複数の人材紹介会社を比較して選定すること、契約書の内容を精査し、必要に応じて修正を求めることが重要です。

回答

1 困りごとの診断

本ケースでは、人材紹介会社を通じて雇用した保育者が6日間しか勤務せずに退職したのに、紹介料の50％しか返金されないことをお悩みです。

人材紹介会社の保育者の紹介料は、本書を執筆している令和元年5月時点では、想定年収の20〜30％であることが多いようです。

本ケースの人材紹介会社は、職業安定法上の有料職業紹介事業者であると考えられます（職安4③・30①）。

有料職業紹介事業者は、職業安定法施行規則に定める額（職安32の3①一、職安則20①・別表）か、あらかじめ厚生労働大臣に届け出た手数料表に基づく額（職安32の3①二）の手数料を徴収することができます。

職業安定法に関する指針（後掲 参考法令 参照）によれば、有料職業紹介事業者は、返戻金制度（その紹介により就職した者が早期に離職したことその他これに準ずる事由があった場合に、当該者を紹介した雇用主から徴収すべき手数料の全部又は一部を返戻する制度その他これに準ずる制度をいいます。）を設けることが望ましいとされています。

通常、有料職業紹介事業者と求人者とが手数料や返戻金制度の内容に合意して、有料職業紹介契約を締結し、求職者の紹介を受けて、求人者と求職者とが雇用契約を結びます。

2 対応方法

本ケースの人材紹介会社と園とが締結した契約書を隅々までチェックしてください。

人材紹介会社に、紹介された保育者の早期退職について、責任の負担を求める根拠が何かないかを考えます。

その上で、当該人材紹介会社に対し、紹介料の返金を交渉するのがよいでしょう。

その際には、契約書に返金の根拠となる定めがあるのであればその点を主張し、そうでない場合には、当該求職者が2週間で退職した上に、実質は6日間しか出勤しなかった、しかも無断欠勤を繰り返していた、という実態を十分に説明し、有料職業紹介事業者としての債務の履行

が不完全ではないか、返金の定めにおいて想定されている状況と異なるのではないか、より多くの紹介料を返還すべきではないか、といった主張を行い、例えば、紹介料の75％を返金してもらえないか、といった形で交渉することが選択肢になるでしょう。

交渉を行うことが難しいとお考えであれば、弁護士等の法律の専門家に相談してください。

3　再発防止策

契約書は隅々までチェックし、想定される園に不利益な事態について、どのような取り決めになっているかを確認しましょう。必要があれば、修正してもらうように交渉することが重要です。

園だけでは検討が難しい場合は、弁護士等の法律の専門家に相談してください。

保育者の人材紹介会社は数多く存在しますので、手数料や条件等を比較して、信頼できる会社を選ぶことも重要です。

厚生労働省職業安定局の「人材サービス総合サイト」では、各職業紹介事業者の情報（①就職した無期雇用就職者のうち6か月以内の離職者数、②就職した無期雇用就職者のうち6か月以内に離職したか否か不明な者の数、③手数料、④返戻金制度など）が見られますので、参考にしてください（厚生労働省「職業紹介事業者の皆様へ～事業運営のルールが変わります～」参照）。

> **他園の園長からのアドバイス**
>
> 顧問弁護士に相談し、契約書を検討してもらいます。
> 契約書に違法性がある場合や、契約書自体は有効でも、実態としては、ひどい人材を紹介していた場合は、人材紹介会社と協議したり、裁判所への訴え提起を検討したりします。

参考法令

○職業紹介事業者、求人者、労働者の募集を行う者、募集受託者、募集情報等提供事業を行う者、労働者供給事業者、労働者供給を受けようとする者等が均等待遇、労働条件等の明示、求職者等の個人情報の取扱い、職業紹介事業者の責務、募集内容の的確な表示、労働者の募集を行う者等の責務、労働者供給事業者の責務等に関して適切に対処するための指針（平11・11・17労働告141、最終改正：平31・3・29厚労告122）
第五　法第33条の5に関する事項（職業紹介事業者の責務）等
　五　職業紹介により就職した者の早期離職等に関する事項
　　（一）職業紹介事業者は、その紹介により就職した者（期間の定めのない労働契約を締結した者に限る。）に対し、当該就職した日から2年間、転職の勧奨を行ってはならないこと。
　　（二）有料職業紹介事業者は、返戻金制度（職業安定法施行規則（昭和22年労働省令第141号）第24条の5第1項第2号に規定する返戻金制度をいう。以下同じ。）を設けることが望ましいこと。
　　（三）有料職業紹介事業者は、法第32条の13の規定に基づき求職者に対して手数料に関する事項を明示する場合、求職者から徴収する手数料に関する事項及び求人者から徴収する手数料に関する事項を明示しなければならないこと。また、職業紹介事業者は、同条の規定に基づき、返戻金制度に関する事項について、求人者及び求職者に対し、明示しなければならないこと。

コラム	新人や中途で入ってきた職員への指導はどのように行うべきか

　職員が園・法人で働き始めるに当たっては、先輩や役職者・育成担当者などによる何らかの初期教育が行われます。新人・中途のいずれにおいても、「その法人が定めている職員としての規律・規範や、提供している保育・教育などについて、深く理解していない」という点では共通していますから、指導もそこに重点を置いて実施されることとなるでしょう。初期教育用の教材や研修カリキュラムを整え、それに基づいて行う、そうした体系的な仕組みによらず、いわゆるOJTを中心に先輩が個別に指導するなど、教育の方法と内容は事業者によって様々です。上記の教材や研修などの仕組みは必須ではありませんが、「誰にいつ教わったか」によって職員ごとの学びの質や内容が異なることを防ぐ上では、何らかの工夫を設けることが望ましいといえるでしょう。マニュアル類の整備にも通じることですが、園・法人として「このことだけは必ず理解し、実行してほしい」という事柄を洗い出し、文書化するなどして、学び、守るべきことが確実に伝わるようにしておくことが重要です。所定の資料や研修に代え、日常の事務的な定型業務から、おむつ交換や授乳といった保育の基本的な援助手法、計画立案や発達記録の作成など、職員や保育者として身につけるべき知識や技術をリスト化し、指導を受けたら担当者のサインや検印を受ける、いわばスタンプラリーのような形態で教育の進捗を確認している事業者も見られますし、それらのリストの範囲を園の業務や保育全般に広げ、段階別に整理すれば、より長期的な教育や人事考課などに活かすこともできるでしょう。

指導やそのための資料等の整備に当たっては、「曖昧な理解や個々人による解釈のばらつきの余地をできるだけなくす」ことも重要です。例えば「子どもの人権を尊重する」であれば、その1行を伝えるのみでなく、「どうすること・どういう状態が『人権を尊重する』ことか」「してはならないのはどういう行為・言葉かけか」「なぜそれを守らなければならないのか」といったことを、なるべく具体的に伝えることが求められます。こうした抽象的な倫理や決まりごとは、その人の経験や育ってきた文化的環境などによって解釈のされ方が大きく異なるため、人権の尊重についていえば、子どもへの虐待や同僚・部下へのハラスメントに当たるような言動を、本人は全く悪気なく発しているということも起こり得るのです。また例えば毎朝の開園前の支度について、早番職員はこれとこれを必ずすると決めておくなど、"やるべきこと"を明確に規定することも重要です。不文律として習慣化していることまで業務に含めたままでいると、教える側・指示する側の「やってくれるだろう」という暗黙の期待や、それが裏切られたときの「あの子は気が利かない」「やる気がない」といった不満を生じさせることにもつながります。しかし新人の側にしてみれば、「やることになっていないからしなかった」というだけですので、そうした批判は言いがかりでしかなく、結果として双方の関係に悪影響を及ぼします。

　また近年よく言われている"いまどきの若者"の傾向、例えば「納得しなければ動かない」「打たれ弱い」「承認欲求が強い」「失敗を恐れる」などといったことは、筆者が第三者評価機関の評価者としてお話を伺う園長・理事長などの経営層の方々からも、育成の難しさとしてよく聞くところです。筆者を含め、"かつて若者だった人"が上司や先輩から言われたであろう「いいからやり

なさい」「そんなことは自分で考えなさい」などは、いまどきの新人にはむしろ理不尽な思いや突き放された印象を抱かせるだけで、育成どころか離職の原因にすらなり得る物言いです。何かを教える際には「これはこういう目的でするもので、それを行うことでこういう効果がある」といったことまで懇切丁寧に伝え、できたことはたとえこちら側の要求を十分に満たすものでなくともまずは褒める、という姿勢で臨み、「認めてくれている」「目をかけてもらえている」という安心感・満足感を持たせ続けながら指導に当たることが、彼らの心を指導者や組織につなぎとめ、成長につなげていく上で常に必要な心がけであるようです。

　もちろん、これは巷間語られている傾向であって、全ての新人がそうであるというわけではなく、彼・彼女らの中にも「手のかかる」人もいれば、「一人で勝手に育っていく」人もいるでしょう。そういった各職員の資質になるべく丁寧に寄り添い、子どもたち同様に職員に対しても全員一律ではなく、「一人一人」に即した課題や目標を設け、成功体験の積み重ねや自己肯定感の向上を促すことが、特に少子化によって少人数での教育が当たり前となった昨今の環境で育ってきた職員にとっては、職場での育成においても欠かせない要素です。「一人一人を大切にする」ことは、保育・教育においては大前提であり、理念や方針にそれを謳う園も数多くありますが、園が子どもだけでなく職員にとっても成長の場であるためには、職員も一人一人が大切にされ、尊重されることが何より求められる、ということでしょう。

　　小出正治
　　（特定非営利活動法人福祉総合評価機構　常務理事）

第2 シフト・勤務体系

27 育休を経て職場復帰する時短勤務保育士・保育教諭へのフォローは

相談内容　当園に、育休を経て、これから職場復帰する時短勤務保育者がいます。

当該保育者への業務内容を軽減しすぎて当該保育者のやる気を削いだり、逆に、当該保育者に過度の業務を割り当てて無理をさせたりはしたくないと考えています。

当園では初めての経験で、さじ加減がよく分かりません。園が最低限知っておかなければならないことやフォローの仕方を知りたいです。

ポイント

① いわゆる育児・介護休業法は、事業主が取るべき育児を行う労働者の支援措置を定めています。
② 当該保育者と園とでよく話し合い、園運営がうまく回るように考えましょう。

回答

1　困りごとの診断

本ケースでは、育休を経て職場復帰する保育者のフォローをお悩みです。

「育児休業、介護休業等育児又は家族介護を行う労働者の福祉に関する法律」（いわゆる「育児・介護休業法」）には、育児を行う労働者

（本ケースの保育者）の支援措置が規定されています（厚生労働省「育児・介護休業制度ガイドブック」（平成29年2月）参照）。

① 子の看護休暇

　小学校就学の始期に達するまでの子を養育する労働者は、その事業主（本ケースの園）に申し出ることにより、一の年度において5労働日を限度とし、負傷し、若しくは疾病にかかったその子の世話又は、疾病の予防を図るために必要なものとして厚生労働省令で定めるその子の世話（予防接種又は健康診断を受けさせること（育児介護則32））を行うための休暇（子の看護休暇）を取得することができます（育児介護16の2①）。

② 所定外労働の制限

　事業主は満3歳に達しない子を養育する労働者が請求した場合においては、所定労働時間を超えて労働させてはなりません（育児介護16の8①）。

③ 時間外労働の制限

　事業主は、小学校就学の始期に達するまでの子を養育する労働者が請求したときは、1か月24時間、1年150時間を超えて労働時間を延長してはなりません（育児介護17①）。

④ 深夜業の制限

　事業主は、小学校就学の始期に達するまでの子を養育する労働者が請求した場合には、深夜（午後10時から午前5時まで）に労働をさせてはなりません（育児介護19①）。

　上記の②、③、④は、事業の正常な運営を妨げる場合及び一定の例外の場合にはこの限りではありません（育児介護16の8①・17①・19①）。

⑤ 所定労働時間短縮等の選択的措置義務

　事業主は、育児休業をせずに満3歳に達しない子を養育する労働者が希望する場合には、その者に対して1日の所定労働時間を6時間

に、又は6時間を含む複数の時間から労働者が選択した時間とするように、短縮する措置(短時間勤務)を講じなければなりません(育児介護23①、育児介護則74①)。

⑥ 事業主の努力義務

　事業主は、労働者の養育する子が小学校に就学するまでの間についても、育児休業、所定外労働の制限、所定労働時間の短縮、1日の所定労働時間を変更しないでの始業時刻の繰上げ・繰下げ等の措置を講じるように努めなければなりません(育児介護24①)。

2　対応方法

　園は、上記のような法が求める措置を理解した上で、当該保育者と面談をし、当該保育者の望む働き方と、園の望む働き方とのすり合わせをしましょう(厚生労働省「看護師・介護士・保育士を対象とした「短時間正社員制度」の導入・運用のポイント集」(平成29年3月)参照)。

　厚生労働省のパンフレット(「これで解決!人材確保と定着　看護師・介護士・保育士「短時間正社員制度」導入・運用支援マニュアル」(平成31年3月改訂))には、参考になる実践例がたくさん記載されています。

　これらの資料も活かして、園と当該保育者とにとって望ましい働き方を模索していくことが考えられます。

他園の園長からのアドバイス

> 当園では、時短勤務保育者に対する配慮をできる限り行っています。
> そのため、時短勤務保育者には、配慮が比較的しやすい担当(クラスの主担任ではなく、フリーの保育者など)にしています。
> 時短勤務保育者に限らず、フルタイムの保育者であっても、個別事情がある場合には、園に相談してもらい、できるだけ本人の意に沿うようにシフト等を設定するようにしています。

| コラム | 職員の個別事情に応じた柔軟なシフトへの対応とポイントは |

　各職員のワーク・ライフバランスを確保し、子育てや介護などとの両立も果たしながら働ける職場であるためには、個別事情に応じた柔軟なシフトへの対応も重要な要素となります。人材不足が慢性化し、労力が限られた中で現場を回さなければならない実態や、職員に不公平感を生じさせることなく個々の要望に応じる難しさなど、悩みや不安は尽きませんが、苦楽を共にしてきた仲間や、時間と労力をかけて育成してきた職員たちが、もっと働きやすい職場があるから、という理由で去っていくのはつらく、また組織としても大きな痛手です。可能な限りの工夫をして勤務を継続してもらいたいというのが、多くの園の実情でしょう。

　ここでは職員の関係性や構成、園の現状と人材活用に着目した、対応とポイントを三つの事例でご紹介します。

例1：職員同士の「お互い様」の気持ちで乗り切る
　（事　例）
　中堅職員から「家族が入院したので、毎日夕方から面会に行きたい」との要望があった。園内で協議したところ、他の職員たちから「遅番は私たちが代わります」と申出があり、中堅職員は2か月の入院期間中、面会時間に間に合うシフトのみにした。
　（ポイント）
　普段からフォローし合える関係性があるからこその事例ですが、職員の「お互い様」の気持ちに委ねるには、「"終わり"が見えていて短期間であること」が重要です。負担が長期間に及ぶとなると、不公平感が生まれる懸念があります。状況を随時把握し、適切に運用していくことが求められます。

例2：職員の要望を踏まえ、早番・遅番手当を支給
　（事　例）
　子育て中の2名の職員について、当人たちの要望を踏まえて日勤を中心としたシフトとしたが、6割を占める若手職員は早番と遅番の回数が増え、納得がいかない様子。そこで職員にアンケートとヒアリングを実施し、早番と遅番の担当回数に応じて支給する手当を設けた。

　（ポイント）
　増えた負担へのいわば補償として、職員が何を考え望んでいるかを把握し、それを踏まえた対応を行った事例です。納得感が得られやすい一方、状況が変わり手当が不要となったときには、その分の賃金の減少に対する代償措置が必要となる場合もあります。その判断と手当のカットについての合理的な説明が求められます。
　また新たな手当を設ける際にはあらかじめ試算を行い、年額費用を負担し続けられるだけの財政的なゆとりが園にあるかどうかを確認することも必要です。この例でいえば配置基準上、最低限早番・遅番各2人は必須ですので、少なく見積もっても年額数十万円になります。併せて賃金規程への記載と職員への説明、労働基準監督署への届出も必要となります。

例3：内部登用による人材活用（「短時間正規職員」制度の新設）
　（事　例）
　正規職員の離職が相次いだが採用が追いつかず、パート職員に正規への転換を打診しても、1日8時間の勤務などがネックとなり、希望者はいない。ヒアリングをすると、シフト勤務はできるが、自分の時間を確保したいので1日6〜7時間なら、という声が上がっ

た。育児・介護休業法による短時間勤務制度には該当しないため、新たに1日7時間、又は6時間勤務とする短時間正規職員の制度を設け、面接試験に合格した3名に対してこれを適用し、シフト勤務をさせている。

（ポイント）

　正規職員の採用がままならない現状を打開するため、経験のあるパート職員からの内部登用によって、短時間正規職員として補充するという発想に切り替えた事例です。園とパート職員の双方が折り合うことができる着地点を見つけ、納得できる制度とするために、例えば制度を利用できる対象者や期間、業務内容や期待する役割、1日の労働時間とシフトパターン、基本給や手当、賞与などを検討、就業規則に規定するとともに、短時間正規職員の人件費も試算し、予算に計上します。

　運用するには、1日8時間の正規職員に長時間労働のしわ寄せがいかないよう、園全体で無駄な作業の洗い出しと廃止、業務の簡素化の工夫を行う必要があります。また短時間正規職員が参加できなかった園内研修や職員会議等の内容を共有するなど、園児やクラスの状況と情報の伝達を徹底する配慮も重要でしょう。さらに人員配置が足りない時間帯を埋める新たなパート職員の採用が必要となることもあります。

　働き方や生活・家庭の事情は職員の数だけあり、これらはあくまで個別の例ですが、自園に適した対応を模索し、より良い保育が行える風通しの良い職場環境を作っていただければと思います。

　　安岡知子
　　（社会保険労務士法人人財総研　役員・特定社会保険労務士）

第3 保育士・保育教諭の服務規律

28 出勤時間に遅刻を繰り返す保育士・保育教諭がいたら

相談内容　出勤時間に遅刻を繰り返す保育者がいます。
最初は口頭で注意し、あまりにひどいので文書でも指導しましたが、なかなか改善しません。
遅刻して勤務していない時間分の減給も行いましたが、効果が出ません。どう対応したらよいでしょうか。

ポイント

① 遅刻を繰り返す理由を保育者から聞き取り、改善策を一緒に考えてみましょう。このとき、保育者が二度と遅刻をしないことを誓うような文書を取れるとなお良いです。
② あまりに改善しない場合、懲戒処分を検討せざるを得ず、最終的には解雇処分が考えられますが、園と保育者とで面談指導を重ねて、できる限り解雇せずに済むよう努力した上で、やむを得ない場合に処分を行うという形が望ましいと考えます。

回答

1　困りごとの診断

本ケースでは、保育者の服務規律違反が改善しないことをお悩みです。

遅刻の程度がどの程度かによりますが、遅刻分の賃金をカットすることはノーワークノーペイの原則（賃金請求権は労務の給付と対価関係にあるものであり、労務の給付が労働者の意思によってなされない場合は、反対給付である賃金も支払われないのが当然の原則となるこ

と）に照らし、問題ありません。

　遅刻した時間以上に賃金を減らしたい場合、すなわち減給の処分を下したい場合は、労働基準法91条の定めに従うことが必要です。

> ○労働基準法
> （制裁規定の制限）
> 第91条　就業規則で、労働者に対して減給の制裁を定める場合においては、その減給は、1回の額が平均賃金の1日分の半額を超え、総額が一賃金支払期における賃金の総額の10分の1を超えてはならない。

　けん責や減給等の懲戒処分を積み重ね、それでも改善しない場合には、最終的には解雇（普通解雇、諭旨解雇、又は懲戒解雇）をすることになります。

2　対応方法

(1)　理由の聞き取り

　口頭指導や文書での指導を繰り返したが、効果が上がらないということですので、当該保育者と面談をし、遅刻する理由を聞き取りましょう。

　例えば、うつ病で夜なかなか寝付けず、朝起きられないなどということがあれば受診を促し、診断書を提出してもらいましょう。

　保育者がうつ病であることを園が知りながら、何の配慮もせずに、保育者を健常時と同じように働かせていて、保育者のうつ病が悪化した場合や、自殺してしまった場合に園に責任が生じることになります。この場合、休職命令を出すことも視野に入れる必要があります。

　面談の記録は必ず文書で残しておいてください。

(2)　改善策の策定

　遅刻する理由が分かったら、保育者と一緒に改善策を考えます。他の保育者にも協力してもらい、一緒に考えることで、良い案が見つか

るかもしれません。

改善策が決まったら、保育者には、改善策を実行し、今後は遅刻をしないことを誓ってもらってください。

(3) 遅刻が改まらない場合

それでも遅刻が改まらない場合は、上記(1)、(2)の面談指導を繰り返し、また、けん責等の解雇に至らない懲戒処分を行いましょう。

最終的に、どうしても遅刻が改まらない場合には解雇処分を検討せざるを得ませんが、その場合でも、それまでに解雇せずに改善を促したという経過があり、解雇がやむを得ないものであったと評価できるだけの事情が存在するのが望ましい形だと考えます。

3 再発防止策

その保育者は、遅刻の深刻度が分かっていないかもしれません。

その保育者が遅刻することにより、他の保育者、園児にどのような迷惑を掛けてしまうのかを、具体的に想像できるように指導してください。

本人の意識を変革させ、5分前行動などを意識づける方法もあり得ます。

遅刻を繰り返す保育者の真の問題点に園と保育者との双方が気づき、その問題点を改善する方向で進めていきましょう。

> 他園の園長からのアドバイス
>
> 出勤時間に遅刻を繰り返す保育者がいた場合、就業規則にのっとり処分をします。
> 当園の就業規則には、懲戒処分として、戒告、けん責、減給、出勤停止、降格、諭旨解雇、懲戒解雇があります。違反を繰り返す度に、段階的に処分を重くすることになっています。

29 目に余る服装をしてくる保育士・保育教諭に対して制限を設けたい場合は

相談内容　当園では、保育者には制服がありません。当園として大切にしている「家庭的な雰囲気」を醸し出すには、制服はふさわしくないと考えるからです。

ところが、園の活動で私服が汚れるのを嫌ってか、みすぼらしい古着のような服装で働く保育者がいます。逆に、ファッションが大好きで流行を追いかけ、過去にはローライズパンツ（ショーツが見えるような股の浅いズボン）やキャミソール（肩紐のついた下着のようなトップス）を着て働く保育者もいました。

このような目に余る服装をしてくる保育者に対して、園として制限を設けるには、どうしたらよいでしょうか。

ポイント

① 園の運営上必要かつ合理的な限度にとどまるような服装の制限であれば、就業規則に規定を設けることが可能です。
② 就業規則上は、「保育者は、園のドレスコードに従うこと」と規定し、ドレスコードを保育者と園とで一緒に設定することも考えられます。

回　答

1　困りごとの診断

本ケースでは、保育者の目に余る服装をどのように制限したらよいかをお悩みです。

保育者の服装は、元々は保育者個人が、自己の外見をいかに表現するかという個人的自由に属する事柄です。しかし、保育者が労働契約に基づき、労務を提供するに当たっては、合理的な範囲での規制を受けます。
　したがって、園の運営上必要かつ合理的な限度で、就業規則に服装規定を設け、制限をすることが可能です（福岡地小倉支決平9・12・25労判732・53、神戸地判平22・3・26労判1006・49参照）。
　保育者に望まれる服装は、園の考え方や時代によって異なります。そこで、就業規則上は、保育者はドレスコード（ある特定の場所に求められる服装の決まり）に従うことを定めておき、ドレスコードについては、保育者を交えて設定し、時代に応じて変更することも考えられます。

2　対応方法

　まず、園は、同種の業界（他の保育所・認定こども園）ではどのような服装を規定しているのか、一般的な状況を調査します。
　その上で、園の大切にしている「家庭的な雰囲気」を醸し出すのにふさわしいと考える服装を具体化します。
　保育者からも意見を出してもらい、どのような服装はふさわしくないので制限し、どのような服装であればふさわしいので奨励するのかを検討しましょう。
　検討の結果、決まった具体的な内容を、写真やイラストで示す方法も考えられます。

3　再発防止策

　保育者との検討の結果、決まった服装の規定を就業規則に定め、あるいは、就業規則に掲げたドレスコードとして定めます。

当該服装の規定を周知することも欠かせません。

時代の変化や、保育者の入れ替わりなどで、服装の規定が不合理であると考える保育者が出てきた場合は、再度、保育者を集めて服装の規定を見直しましょう。

 他園の園長からのアドバイス

服装についての制限を設ける場合、保育者の代表と協議を行い、導入します。

デザイン等はできるだけ保育者側に選択させ「自分たちが考えたもの」という雰囲気で前向きに捉えてもらえるようにします。

 参考裁判例
○ハイヤー会社が、口ひげをはやして乗務していた運転手に対し、ひげをそるべき旨の業務命令を告知したことについて、ハイヤー会社が禁止している「ヒゲ」とは、「無精ヒゲ」又は「異様、奇異なヒゲ」を指すものであるとして、命令に従う義務のないことを確認した事例（東京地判昭55・12・15判時991・107）

30　保育士・保育教諭と保護者との連絡先交換を禁止したいが

相談内容　当園では、保育者が特定の保護者と連絡先を交換し、保護者から保育者に直接連絡が来ることが増えました。

保育者の業務にも支障が出ると思いますし、保護者と直接連絡を取ることで、保育者が余計なトラブルに巻き込まれてしまうのではないかと心配をしています。

これまで、園では保育者と保護者との連絡先の交換を禁じた規定はなかったのですが、就業規則に新しく規定を入れて保護者との連絡先の交換を禁じることはできるでしょうか。

ポイント

① 就業規則の変更は「合理的なもの」である必要があります。保育者からの意見聴取を踏まえて判断しましょう。
② 保護者に対しては、就業規則の変更につき、理解を求めましょう。

回答

1　困りごとの診断

本ケースでは、保育者と保護者との連絡先の交換の禁止という新しい服務規律規定を就業規則に入れることが可能かをお悩みです。

新しい服務規律規定を就業規則に入れるということは、労働条件を変更することを意味します。

労働条件の変更には、原則として労働者の個別の合意が必要です（労

契9）。もっとも、これには例外があり、使用者が労働者との合意なしに就業規則を変更した場合であっても、「労働者の受ける不利益の程度、労働条件の変更の必要性、変更後の就業規則の内容の相当性、労働組合等との交渉の状況その他の就業規則の変更に係る事情に照らして合理的なもの」であるときは、労働条件は変更後の就業規則によることになります（労契10）。

なお、就業規則の変更には、就業規則作成時と同様に法定の手続を行う必要があります（労契11、労基89・90）。

本ケースでは、就業規則の変更が合理的であるかどうかを検討することが必要となります。

2　対応方法

(1)　保育者からの意見の聞き取り

実際に保護者と連絡先を交換して、保護者からの連絡を受けている保育者に、今後、就業規則を変更して連絡先の交換を禁止することになれば、何か困ったことは起きるか、それとも、逆に負担が減って助かるか、など具体的な意見を聞き取ってください。

保護者と連絡先を交換していない保育者についても、就業規則の変更について、不利益はあるか、逆に、保護者から連絡先の交換を求められた際に、就業規則を盾に断りやすくなるので助かるのか、など、具体的な意見を聞き取ってください。

(2)　就業規則の変更

保育者からの聞き取りの結果を踏まえて、再度、園として保護者との連絡先の交換を禁止する規定を就業規則に入れる必要性、合理性があるのかを判断します。

合理性があると判断したのであれば、就業規則を変更してください。お悩みの場合は、社会保険労務士や弁護士等の専門家に相談してください。

3 再発防止策

　就業規則を変更して、保護者との連絡先の交換を禁じた場合、保育者からは、不満が出ることはなくとも、保護者からは、不満が出ることが考えられます。

　保護者が直接保育者と連絡をすることで、保育者の業務の負担が増えてしまうことを丁寧に説明し、必要があれば、連絡帳や園への電話連絡等で、これまでどおりに意思疎通が図れることもお伝えして、納得していただきましょう。

> **他園の園長からのアドバイス**
>
> 　保育者と保護者との直接の連絡先交換を禁止していないと、保護者から連絡先の交換を求められた保育者は断りにくくなってしまうと考えます。
> 　保護者から直接保育者に連絡ができるようになると、就業時間外にも、保育者が保護者からの連絡に対応しなければならなくなる心配もあります。
> 　そこで、就業規則や規程を整備して、直接の連絡先交換を禁止するようにしています。

第4　保育士・保育教諭の処遇・研修

31　研修代が園の負担でない上に有給休暇を使わなければならない場合は

相談内容　私の勤める園では、園からの業務命令で、勤務時間中に、研修に行かされることがあります。しかし、研修は自分のために行うものだからと言われ、研修代は払ってもらえません。

　また、研修に半日以上かかる場合は、有給休暇を取って研修に行かされるので、他に有給休暇を使いたい場合に使える有給休暇の日数が減ってしまいます。

　研修代を園に負担してもらったり、研修に有給休暇を使わなくてよいようにしてもらえないのでしょうか。

ポイント

① 園が研修参加を命じているのであれば、研修参加費は園の費用負担となり、また、研修への参加時間は労働時間になると考えられます。
② まずは園に改善を求めてみましょう。

回答

1　困りごとの診断

　本ケースでは、業務命令で参加する研修費用の負担と、研修に有給休暇を使わされることをお悩みです。

　研修につき、行政通達は、「労働者が使用者の実施する教育に参加することについて、就業規則上の制裁等の不利益取扱による出席の強制

がなく自由参加のものであれば、時間外労働にはならない。」としています（昭26・1・20基収2875、最終改正：平11・3・31基発168）。

本ケースでは、業務命令で受講を強制されるということですので、研修の受講時間は労働時間に当たります。そのため、研修に参加している時間は、園の賃金支払が必要な労働時間であり、保育士・保育教諭が本来は自由に使える有給休暇を取得して、研修に参加する必要はありません。

また、業務上の必要性があるために、園が業務命令で受講を命じていると考えられます。そうすると、研修参加費用は、業務運営に関わる費用として園が負担すべきことは当然であると考えます。

2　対応方法

まずは、園に改善を求めて、話合いをしてみましょう。

園が改善しない場合は、労働基準監督署や弁護士等に相談してください。

3　再発防止策

園としては、昔は研修は全て受講する保育者本人のためということで、有給休暇を取得させて研修に参加させたり、研修参加費を自己負担としていたりしたということがあるかもしれません。

園は、業務上の必要性があって受講させたい研修なのか、それとも、自己研鑽として保育者に勧めたい研修なのかを明確に分けて、保育者に伝えるようにしましょう。

先輩保育士・保育教諭からのアドバイス

園の業務命令で受講する研修費用は、園が負担してくれる場合が多いのではないかと思います。

第3章　保育士・保育教諭の労務に関する相談

> 　　自分が自発的に研修を受講する場合は、園に費用を出してもらえるか尋ねることもありますし、園には相談せず、自腹で受講する場合もあります。
> 　　本ケースのような場合であれば、就業規則や規程等の確認を行い、明記されていないのに保育者の負担になっている場合は、管理職と話し合うようにします。

参考通知
○就業時間外に実施する自由参加の技術教育の時間は時間外労働か（労働基準法32条、36条関係）（昭26・1・20基収2875、最終改正：平11・3・31基発168）
　問　使用者が自由意思によって行う労働者の技能水準向上のための技術教育を、所定就業時間外に実施する場合の、労働基準法第36条第1項の適用に関して左記の通り疑義があるが如何。
　　　　　　　記
　　右のような「教育」を実施した時間は労働基準法上「労働時間」とみなされ法第36条の規定による時間外労働の協定を必要とするか。
　　イ　業務命令として職制を通じ所属長から通常の作業に準じて参加命令を発し拘束の態様が通常業務に対すると全く同一の場合
　　ロ　職制上直列系統に非ざる教育担当者から単なる「通知書」を以て参加を要請し建前としては自由参加の形式を採っている場合
　答　労働者が使用者の実施する教育に参加することについて、就業規則上の制裁等の不利益取扱による出席の強制がなく自由参加のものであれば、時間外労働にはならない。

32　正規保育士・保育教諭との待遇の差に不満がある場合は

相談内容　私は非正規の保育者です。私の勤める園では、正規の保育者には園への貢献に応じて賞与が出ますが、非正規の保育者には賞与が出ません。

正規の保育者は勤務時間内に園の負担で研修に行かせてもらえますが、非正規の保育者にはそのような機会は与えられません。

このような待遇の差に問題はないのでしょうか。

ポイント

① 待遇の差について、まずは、園と話合いをしましょう。
② 園からの回答に納得がいかない場合は、裁判外紛争解決手続（行政ADR）を利用することが考えられます。

回　答

1　困りごとの診断

本ケースでは、保育者の、正規か非正規かによる待遇の差についてお悩みです。

令和2年4月1日（中小企業は令和3年4月1日）より適用される「短時間労働者及び有期雇用労働者の雇用管理の改善等に関する法律」（以下「パート有期法」といいます。）においては、事業主（本ケースの園）は、正規雇用労働者と短時間労働者・有期雇用労働者（本ケースの正規保育者と非正規保育者）との間で、基本給や賞与、手当などあらゆ

る待遇について、不合理な差を設けることが禁止されます（パート有期法8）。

　また、事業主は、短時間労働者・有期雇用労働者から、正規雇用労働者との待遇の違いやその理由などについて説明を求められた場合は、説明をしなければなりません（パート有期法14）。

　厚生労働省の「短時間・有期雇用労働者及び派遣労働者に対する不合理な待遇の禁止等に関する指針」（ガイドライン）には、賞与と教育訓練に関する以下のような記載もあります。

① 賞　与

　賞与について、通常の労働者と短時間・有期雇用労働者ともに法人の業績等への労働者の貢献に応じて支給される場合には、貢献に応じて支給される部分については、通常の労働者と同一の貢献である短時間・有期雇用労働者には通常の労働者と同一の、貢献に一定の違いがある場合にはその違いに応じた支給をしなければなりません。

　例えば、本ケースの園で、賞与について、園の業績等への保育者の貢献に応じて賞与を支給している場合に、正規保育者には職務の内容や業績等への貢献等にかかわらず全員に何らかの賞与が支給されているのに対して、非正規保育者には、非正規保育者だというだけで賞与が支給されないというのであれば、不合理な待遇の相違であると考えられます。

② 教育訓練

　教育訓練であって、現在の職務の遂行に必要な技能又は知識を習得するために実施する場合、通常の労働者と職務の内容が同一である短時間・有期雇用労働者には、通常の労働者と同一の教育訓練を実施しなければなりません。また、職務の内容に一定の違いがある

場合、その違いに応じた教育訓練を実施しなければなりません。

　例えば、本ケースの園で、正規保育者と非正規保育者の職務の内容が同一なのであれば、正規保育者にだけ実施される研修が、非正規保育者には実施されないのは不合理な待遇の相違となると考えます。また、正規保育者と非正規保育者の職務の内容に違いがある場合、その違いに応じた研修を非正規保育者に実施することが求められます。

2　対応方法

　まずは、待遇の差について園と話合いをしてみましょう。

　園から納得のいく回答が得られなかった場合は、裁判外紛争解決手続（行政ADR）を利用することが考えられます。

　行政ADRには、①都道府県労働局長による紛争解決の援助と、②均衡待遇調停会議による調停という二つの方法があります。この二つは、都道府県労働局長又は調停委員が公平な第三者として紛争の当事者の間に立ち、両当事者の納得が得られるよう解決策を提示し、紛争の解決を図ることを目的とした行政サービスです。無料で利用できます。

3　再発防止策

　園としては、正規保育者と非正規保育者の待遇に不合理な相違はないかをあらかじめ点検して、対応策を取る必要があります。

　厚生労働省から出ているマニュアル類（「パートタイム・有期雇用労働法対応のための取組手順書」、「不合理な待遇差解消のための点検・検討マニュアル（福祉業界編）」）を参考に、待遇差の内容・理由等につき説明できる体制を整えましょう。

第3章　保育士・保育教諭の労務に関する相談

先輩保育士・保育教諭からのアドバイス

　まずは、給与規程等を確認すべきです。提示されている労働条件通知書の内容と相違なければ現状は問題ないと考えます。そして、現状に不満がある場合は、園の管理職に相談するようにします。

　令和2年度（中小企業は令和3年度）からは同一労働同一賃金となるそうなので、園の給与規程等がどのように変わるのか、注視していくべきです。

第5　労働時間・残業

33　始業時刻前の環境整備を労働時間に算入していないが

相談内容　当園の就業規則では、早番の始業時刻は7時15分です。また、園の開園時間は7時30分です。しかし、園児の迎え入れの前に、保育室内や園庭の環境整備をしようとすると、出勤後の15分間では足りないのか、早番の保育士・保育教諭たちは皆、少なくとも開園30分前の7時には必ず出勤して、作業をしています。

タイムカードの出勤時刻にかかわらず、始業時刻からしか労働時間として計算をしていませんが、問題があるでしょうか。

ポイント

① 始業時刻前の環境整備が法の定める労働時間に当たれば、法律上は賃金を支払う必要があります。
② 開園前の環境整備の内容・所要時間につき、園と保育者との間に認識の違いが生じないよう、よく話し合いましょう。

回　答

1　困りごとの診断

本ケースでは、始業時刻と実際に働き始める時刻との間に差が生じているにもかかわらず、それが労働時間に当たるかどうかを確かめずに、一律に労働時間ではないとして切り捨ててきた点に問題があります。

また、園としては、開園前の準備行為は15分間で足りると考えていたところ、実際には準備行為に30分間かかっている点も問題となります。

開園前の準備行為の内容を見直し、適切な労働時間を設定する必要があります。

2　対応方法

まずは、早番の保育者が、それぞれいつ出勤して、どのような準備行為を行っていたのかを調べます。

次に、その準備行為にかかった時間が、労働基準法上の労働時間に当たるかどうかを検討します。

ここで、労働基準法上の労働時間とは、判例（最判平12・3・9判時1709・126）によれば、労働者が使用者の指揮命令下に置かれたものと評価することができるか否かにより客観的に定まる、とされます。そして、労働者が就業を命じられた業務の準備行為等を事業所内で行うことを使用者から義務付けられ、又はこれを余儀なくされたときは、使用者の指揮命令下に置かれたものといえ、労働時間に当たるとされます。

本ケースにおける、始業時刻前の準備行為（保育室内や園庭の環境整備）は、使用者である園から義務付けられた、又は余儀なくされたものであるかどうかを検討してください。

その検討の結果、始業時刻前の準備行為が、使用者の指揮命令下に置かれたものといえ労働時間に当たると考えられる場合、法律上、園は、その労働時間分の賃金を支払う必要があります。

3　再発防止策

賃金支払の必要が生じる労働時間の捉え方について、園と保育者との間に認識の違いが生じるのを避けなければなりません。

そのためには、早番の保育者が実際に出勤している時刻及び行っている準備行為の具体的内容を踏まえて、そのうちのどこまでが園の求める開園前の環境整備に当たるのか、それにどれほどの時間がかかるのかを保育者と園との間でよく話し合い、明らかにしましょう。

　その上で、当日の開園前の環境整備の内容を一部、前日に回したり、作業自体を削減したりして減らすのか、それとの関係で始業時刻を変更するのかどうかを考えます。

　例えば、①当日の開園前の環境整備の内容を減らして現状の始業時刻と労働の開始時刻を一致させる、②開園前の環境整備の内容は減らさず、㋐始業時刻を早める、又は㋑始業時刻は早めずに早出残業代を支払う等、複数の再発防止策が考えられます。

他園の園長からのアドバイス

> 　開園前の環境整備につき、室内の場合は、前日の労働時間内に準備しておくことにしています。
> 　園庭の場合は当日でないと準備できないこともありますが、始業時刻後に行ってもらうようにしています。
> 　始業時刻前に作業をしてもらうことは滅多になく、あったとしても、残業の有無にかかわらず毎月20時間分相当の賃金を手当として支給していますので、その範囲内に収まっています。

34　所定の勤務時間を1分でも過ぎたら残業代がもらえるのか

相談内容　私の勤務する園では、1日の残業時間を15分未満は切り捨て、15分以上は切り上げて30分として計算しています。

知り合いの保育士・保育教諭の勤める園では、残業代は1分単位でもらえるそうで、私の園の残業代の支払われ方はおかしいのではないかと言っています。

私は残業時間が15分以上だと切り上げて30分として扱ってもらえるので、特に不満はなかったのですが、おかしいのでしょうか。

ポイント

① 時間外労働は、厳密にはたとえ1分でも割増賃金の支払を要します。
② 労働基準監督署に相談する方法もありますが、まずは園に改善を申し入れてみましょう。

回　答

1　困りごとの診断

本ケースでは、残業時間の端数処理についてお悩みです。

労働基準法では、1日8時間、1週40時間を法定労働時間と定めています（労基32）。

使用者（本ケースの園）は、過半数組合（過半数組合がない場合は過半数代表者）と労使協定を締結し（いわゆる36（サブロク）協定で

す。)、労働基準監督署に届け出た場合は、法定労働時間を超えて労働させることができます（これを「時間外労働」といいます。いわゆる残業です。)（労基36）。

時間外労働をさせる場合、割増賃金の支払が必要になります（労基37）。時間外労働に対する割増賃金は、通常の賃金の2割5分以上となります。

時間外労働は、厳密にはたとえ1分でも割増賃金の支払を要します。

したがって、本ケースのように、1日の残業時間の端数を切り捨て、又は切り上げて、30分単位に整理することは違法です（菅野和夫『労働法〔第11版補正版〕』496頁（弘文堂、2017))。

2 対応方法

本ケースの保育者の園の残業時間の端数処理は、労働基準法上違法とされます。使用者は6か月以下の懲役又は30万円以下の罰金に処せられるおそれがあります（労基119一）。

園は、違法だと認識せずに、本ケースのような端数処理を続けている可能性が高いです。

そこで、保育者としては、まずは園に、正しい端数処理をするようお願いしてみましょう。園が納得しない場合には、労働基準監督署に相談することも考えられます。

3 再発防止策

行政の解釈（昭63・3・14基発150・婦発47、最終改正：平25・7・10基発0710第3）によれば、1か月における時間外労働、休日労働及び深夜業の各々の時間数の合計に1時間未満の端数がある場合に、30分未満の端数を切り捨て、それ以上を1時間に切り上げることは、「常に労働者の不利となるものではなく、事務簡便を目的としたものと認められるから」

労働基準法違反としては取り扱わないとされています。

したがって、1日の残業時間は分単位で集計し、その1か月間の集計結果につき、30分未満を切り捨て、30分以上を1時間に切り上げることは問題ありません。

> #### 他園の園長からのアドバイス
>
> 労働基準法によって保育者が1分単位の残業代が請求できることは知っています。しかし、その残業が命令されたものなのか、残業命令書があるのかなどは、争う余地があるのではないかと思っています。

参考通知
○割増賃金計算における端数処理方法（労働基準法37条関係）（昭63・3・14基発150・婦発47、最終改正：平25・7・10基発0710第3）
二　割増賃金計算における端数処理
　　次の方法は、常に労働者の不利となるものではなく、事務簡便を目的としたものと認められるから、法第24条及び法第37条違反としては取り扱わない。
（一）　1か月における時間外労働、休日労働及び深夜業の各々の時間数の合計に1時間未満の端数がある場合に、30分未満の端数を切り捨て、それ以上を1時間に切り上げること。
（二）　1時間当たりの賃金額及び割増賃金額に円未満の端数が生じた場合、50銭未満の端数を切り捨て、それ以上を1円に切り上げること。
（三）　1か月における時間外労働、休日労働、深夜業の各々の割増賃金の総額に1円未満の端数が生じた場合、（二）と同様に処理すること。

35 園としては禁止しているにもかかわらず保育士・保育教諭が持ち帰り残業をしていたら

相談内容　当園では、残業する場合は残業申請をし、園長の許可を得た場合にのみ残業を認める制度を導入しています。

しかし、残業申請が面倒なのか、保育者が、作成途中の書類や仕掛中の制作物を持ち帰って作成している、いわゆる持ち帰り残業をしていることが分かりました。

持ち帰り残業をした分について、保育者から残業代の支払を請求されているわけではありません。しかし、園としては、保育者に職場でしか業務をしてもらいたくありません。どうしたらよいでしょうか。

ポイント

① 禁止していても、園は持ち帰り残業を行った保育者に対して、賃金を支払わなければならない場合があります。

② 持ち帰り残業の禁止を徹底しましょう。申請のない場合の持ち帰り残業に対し、ペナルティを決めて広く周知する方法もあります。

回答

1　困りごとの診断

本ケースでは、持ち帰り残業を禁止しているにもかかわらず、保育者が園に隠れて持ち帰り残業をしている点が問題です。

なぜ、残業申請を出せないのか、残業をしなければ終わらない量の業務を割り当てられていないか、問題の原因を探る必要があります。

また、書類作成においては、園外への持ち出しを禁じられた記録を持ち出していないかも確認します。書類作成のための資料を持ち出すことで紛失の可能性が高まり、個人情報が漏えいするおそれなどもありますので、厳重に注意すべきです。

2 対応方法

まずは、持ち帰り残業の内容を確認しましょう。

次に、どうして業務時間中に施設内で行えなかったのかを検証してください。

業務時間中にこなせない量の業務を割り当てられていたのであれば、他の保育者にも分担させる、若しくは削れる業務は削る等の業務の見直しが必要です。

これまでの持ち帰り残業について、その持ち帰り残業の成果(持ち帰り残業により完成させた書類や制作物)を園が使用していたのであれば、その持ち帰り残業時間に対して賃金を支払う必要があります。

また、持ち帰り残業の禁止を徹底し、違反した場合には始末書を提出させるなどのペナルティを定め、ルールとして周知するという方法もあります。

3 再発防止策

どの程度の品質の何をいつまでに仕上げるのか、そのためにはどのような期間管理で業務を進めなければならないのか、ベテランの保育者であれば、経験から肌感覚で分かっていることもあるでしょう。しかし、新人や不慣れな保育者に対して、同じことを求めるのは酷です。後輩保育者、新人保育者に対して、園長、主任、先輩保育者から、明

確な指示やアドバイスが出せるような体制を整えてください。

また、持ち帰り残業が発生してしまいそうな場合は、早めに手を打てるように、保育者から園長、主任ないし他の保育者に対して早めに報告、相談させることも重要です。

チームワークが重要となります。

> 他園の園長からのアドバイス
>
> 　園としては禁止しているにもかかわらず、保育者が持ち帰り残業をしていることが判明したら、直ちにやめさせて、就業規則にのっとり処分を行います。
> 　当該保育者を含めた全ての保育者たちの現状を把握し、持ち帰り残業を行わなくてもよい労働環境を整えるように、園として考えるようにします。

36 長時間労働を繰り返している保育士・保育教諭を早く帰したいが

相談内容　当園の保育者のうち、毎日残業をしている保育者がいます。

その保育者の健康も心配ですし、残業代も支払わなければならないので、園全体で残業をなくして、保育者たちには定時で帰ってもらいたいと考えています。

どうしたらよいでしょうか。

ポイント

① 保育者たちの業務内容を見直し、所定労働時間内で終わる業務量に調整しましょう。
② ITを導入したり、国の「働き方改革推進支援センター」に相談に行くことも考えられます。

回答

1　困りごとの診断

本ケースでは、長時間労働を繰り返す保育者や、残業自体をなくすことについてお悩みです。

労働基準法では、1日8時間、1週40時間を法定労働時間と定めています（労基32）。使用者（本ケースの園）は、過半数組合（過半数組合がない場合は過半数代表者）と労使協定を締結し（いわゆる36（サブロク）協定です。）、労働基準監督署に届け出た場合は、法定労働時間を超えて労働させることができます（これを「時間外労働」といいます。

いわゆる残業です。）（労基36①）。時間外労働は原則月45時間、年360時間の上限があります（労基36④）。

そして、時間外労働をさせる場合、通常の賃金の2割5分以上の割増賃金の支払が必要になります（労基37）。

そこで、残業自体をなくすためには、保育者たちの業務内容を見直し、法定労働時間内に収まる量の業務量を設定することが必要となります。

2　対応方法

まずは、長時間労働を繰り返す保育者の業務の内容を見直しましょう。

他の保育者に任せられるところは任せる、外注できるものは外注するなどの対応を執る、例えば、壁面装飾については、必ずしも保育者の手作りによる必要はなく、園児の園での活動の様子の写真を貼ったり、園児たちが活動中に壁面装飾を制作したりすることも考えられます。

日誌やお便りの作成にもITをうまく使い、例えばお便りのフォーマットは固定しておき、作成時間が短縮できるようにします。IT導入に国の補助金が出る場合もありますので、検討してください。

行事が多くて負担となっているのであれば、行事の削減も検討しましょう。

3　再発防止策

平成31年4月から施行されたいわゆる「働き方改革」関連法を受けて、保育者の働き方の改革も急務となっています。

47都道府県に「働き方改革推進支援センター」が設置されていますので、相談に行き、長時間労働の是正についてアドバイスを求めることも考えられます。

他園の園長からのアドバイス

　長時間労働を繰り返している保育者には、園長が早く帰るよう、再々注意を行います。
　その他、なぜ早く帰れないのか、仕事の方法を当人と共に考え、実践させるようにします。
　園としては、長時間労働を望んでいないことを明確にするため、残業が少ない保育者には、賞与時に特典を与えるなどの策を講じることも考えられます。

参考資料
○働き方改革推進支援センター（厚生労働省リーフレット）

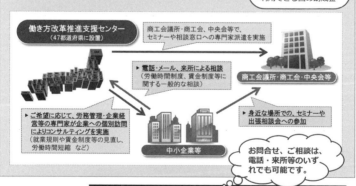

（出典：厚生労働省ホームページ（https://www.mhlw.go.jp/content/11909000/000493641.pdf（2019.9.17）））

第6 休憩時間

37 保育士・保育教諭によって休憩時間の認識が異なるが

相談内容　当園では、就業規則上は、保育者の休憩時間を交替制で1時間取るように規定していますが、各保育者ごとに休憩時間の認識が異なっていて、うまく休憩を取れていません。

　例えば、園児と一緒に食事をとる時間を休憩時間と考える保育者、園児の午睡中にブレスチェックをする傍らで記録や連絡帳を書いていてもそれを休憩時間と考える保育者、午前10時頃に事務室に集まってお茶を飲む時間を休憩時間と考える保育者など、様々です。

　きちんと休憩時間を与えないことにより、法律上の罰則もあると聞きました。どうしたらよいでしょうか。

ポイント

① 休憩時間について、正しく保育者たちに周知しましょう。
② 保育者たちと話し合って、現実的な休憩時間をシフト内に組み込むことが考えられます。

回答

1 困りごとの診断

　本ケースでは、保育者によって休憩時間の認識が異なるため、法律

上求められる休憩時間を与えたことになっていないことをお悩みです。

　労働基準法が規定する休憩時間とは、労働者（本ケースの保育者）が労働時間の途中において休息のために労働から完全に解放されていることを保障されている時間です。

　そのため、「園児と一緒に食事をとる時間」や、「園児の午睡中にブレスチェックをする傍らで記録や連絡帳を書いて」いる時間は、正に労働時間であり、休憩時間には該当しません。

　休憩時間は、
・1日の労働時間が6時間を超える場合は45分以上、8時間を超える場合は1時間以上の休憩時間を労働時間の途中に与えること（労基34①）
・休憩時間は労働者の自由に利用させること（労基34③）

が必要です。その他、休憩時間は一斉に与える原則（労基34②）もありますが、保育所や保育所型又は地方裁量型認定こども園は例外的に一斉付与の原則の適用を受けません（労基40・別表第十三、労基則31）。

　なお、幼稚園型又は幼保連携型認定こども園は、労働基準法別表第十二の教育の事業に該当すると考えられており、休憩の一斉付与の適用除外に当たりません。そのため、休憩時間を一斉に与えない場合には労使協定が必要です（労基34②ただし書・別表第十二、労基則31）。

　休憩時間の規定（労基34）に反して、休憩を与えなかった場合又は法定の休憩を与えても自由に利用させなかった場合には、使用者（本ケースの園）は、6か月以下の懲役又は30万円以下の罰金に処せられます（労基119一）。

2　対応方法

　休憩時間は労働から完全に解放されることを保障されている時間で

あることを保育者たちに周知しましょう。

その上で、いつ、どのようなタイミングであればそれぞれの保育者たちが休憩時間を取れるのか、保育者たちと話し合い、ある程度パターンを決めることが考えられます。

その他、各自がそれぞれ適法に休憩時間を取れるように、それぞれのシフトの中に組み込んでしまう方法も考えられます。

保育者たちと話し合い、現実的で無理のない休憩時間の取得を実現させましょう。

3　再発防止策

常時、配置基準を上回る人員配置にしていないと、労働基準法上求められる休憩時間を保育者に取らせることで、配置基準を満たさない事態が生じてしまうことになります。

保育所や認定こども園（保育認定2号・3号）の基本分単価は、保育士・保育教諭に休憩時間を与えることを前提とした設計となっています（内閣府「公定価格に関するFAQ（よくある質問）Ver.12（平成30年9月27日時点版）」No.101）。

フリーの保育者やパートの保育者を活用することを検討してください。

他園の園長からのアドバイス

　当園では、一斉休憩の適用除外に関する労使協定を職員代表と締結して、保育者によって休憩時間を取らせるタイミングを変えています。
　園児の午睡中に連絡帳の記入をさせていますが、その時間を休憩時間とはしていません。

参考資料

○公定価格に関するFAQ（よくある質問）Ver.12（平成30年9月27日時点版）
No.101（内閣府）
「基本単価と必要な職員配置」

Q　保育所や認定こども園（保育認定2号・3号）の基本分単価に含まれる職員構成と実際に配置すべき保育士数との関係を教えてください。特に、休けい保育士や保育標準時間認定に係る非常勤保育士の加算分について、実際に保育士を配置する必要がありますか。配置できない場合は、公定価格の減額調整などがあるのでしょうか。また、非常勤職員の配置とされている場合、その非常勤職員の従事時間などの要件はありますか。

A　「特定教育・保育等に要する費用の額の算定に関する基準等の制定に伴う実施上の留意事項について」（平成27年3月31日付内閣府政策統括官（共生社会政策担当）、文部科学省初等中等教育局長、厚生労働省雇用均等・児童家庭局長通知）の各事業類型の「Ⅱ基本部分」にあるとおり、基本分単価に含まれる休けい保育士や保育標準時間認定に係る保育士（常勤）等についても、年齢別配置基準とは別途配置する必要があり、これを満たさない場合は、指導の対象となります。なお、保育標準時間認定子どもが少数の場合で、ローテーション勤務により対応しているなど、常勤保育士を別途配置する必要性が低くなる場合には非常勤職員とすることも差し支えないこととしており、教育・保育が円滑に行われるよう、実態に応じて市町村が適切に御判断ください。また、幼稚園や認定こども園については、これまで年齢別配置基準の設定がなかったことから、配置基準に達していない施設に配慮して、公定価格上調整措置を設けて、費用を調整することにしています。

　また、保育標準時間認定に係る非常勤保育士など、基本分単価に含まれる非常勤職員の取扱いについては、従事時間等の具体的要件は定めていませんので、教育・保育が円滑に行われる体制がとられているか、実態に応じて市町村が適切に御判断ください。

　なお、小規模保育事業等の保育標準時間認定における非常勤保育従事者も同様の取扱いとなります。

38 休憩時間中の保育士・保育教諭の外出を原則禁止にできるか

相談内容　当園では、保育者には、休憩時間は園内の休憩室で過ごすように求めています。

それでも、休憩時間中に銀行や郵便局等に私用で出かけたいという保育者もいて、その時々の園内の状況により外出を許したり、諦めてもらったりしています。

園で何かあったときのために園内にはいてもらいたいので、休憩時間中の保育者の外出を原則禁止にしたいのですが、問題があるでしょうか。

ポイント

① 労働基準法上は、休憩時間中の外出は原則自由であり、合理的理由のある場合に最小限度の態様の規制が認められると考えられています。
② 保育者たちとよく話し合って、労働基準法に反しない園のルールを定めるようにしましょう。

回答

1　困りごとの診断

本ケースでは、休憩時間中の保育者の外出を原則禁止にすることが可能かをお悩みです。

休憩時間については、1日の労働時間が6時間を超える場合は45分以上、8時間を超える場合は1時間以上の休憩時間を労働時間の途中に与

える必要があります（労基34①）。

　また、休憩時間は労働者（本ケースの保育者）の自由に利用させる必要があります（労基34③）。休憩時間は、労働者が労働時間の途中において休息のために労働から完全に解放されていることを保障されている時間です。そのため、休憩時間中の外出も原則として自由であり、合理的理由がある場合に最小限の態様の規制（届出制、客観的基準による許可制）をなし得るにすぎないと考えられています（菅野和夫『労働法〔第11版補正版〕』466頁（弘文堂、2017））。

　行政解釈（昭23・10・30基発1575）によれば、労働からの解放という休憩の目的を損なわず、しかも一定の規制を加えることに合理性が認められる場合は、休憩時間中の外出を許可制にしたとしても、自由利用の原則に反するとはいえない、としています。

　しかし、休憩時間の自由利用の規定（労基34③）は、休憩時間中の労働からの解放を全うさせるために、使用者に対し休憩中の労働者の行動に制約を加えることを禁止した規定であると考えられています。そのためくれぐれも慎重な判断が必要です。

2　対応方法

　休憩時間中の外出は原則として自由です。したがって、原則禁止とすることには問題があります。

　もっとも、客観的に合理的理由がある場合に届出制や許可制を採ることは可能です。保育者たちと話し合って、労働基準法に反しない限度でのルールを定めるようにしましょう。

3　再発防止策

　休憩時間の規定（労基34）に反して、休憩を与えなかった場合又は法定の休憩を与えても自由に利用させなかった場合には、使用者（本ケ

ースの園）は、6か月以下の懲役又は30万円以下の罰金に処せられます（労基119一）。

判断に悩む場合には、労働基準監督署や社会保険労務士、弁護士等に相談するようにしましょう。

> 他園の園長からのアドバイス
>
> 　労働基準法で、使用者は休憩時間を労働者に自由に利用させなければならないと規定されていることは知っています。
> 　ただし、自由といっても、完全な自由ではなく、使用者は一定の制約を課すことはでき、「事業場内において自由に休憩できる限りは、外出許可制をとっても必ずしも違法にはならない」（昭23・10・30基発1575）とされていることも、社会保険労務士から聞いています。
> 　休憩時間中の保育者の外出を禁止する場合は、就業規則内に「休憩時間の外出許可制」などを設けるようにすればよいと考えます。

第7 副業・兼業

39 休日を利用して副業でベビーシッターをしたい場合は

相談内容　私は、ある園の正規保育士・保育教諭として働いています。

家庭の事情でもう少し収入を増やしたいので、休日を利用して副業でベビーシッターをしたいと考えています。具体的には、マッチングサイトに登録して、顧客と直接契約をすることを考えています。

園の就業規則には、「職員は、園の許可なく他人に雇い入れられてはならない。」との規定があります。法人に雇われるわけではないので、園には許可を求めずにシッター業をしようと思うのですが、問題はあるでしょうか。

ポイント

① 原則、保育者は勤務時間以外では園の指揮命令に従う必要はありませんが、兼業を禁止する就業規則は一定の場合には有効だと考えられており、注意が必要です。
② 休日のシッター業が、平日の保育者の業務や園の名誉・信用に悪影響を与えないよう、労働時間や健康を管理し、守秘義務等にも気を付けてください。

回答

1　困りごとの診断

本ケースでは、休日に副業でシッター業をするに当たり、園に許可

を求めないことに問題はあるかをお悩みです。

　本ケースの園の就業規則にある、「職員は、園の許可なく他人に雇い入れられてはならない。」という規定は、二重就業や兼業の禁止として解釈されるものです。

　原則として、労働者（本ケースの保育者）は、勤務時間以外では使用者（本ケースの園）の指揮命令に従う必要はなく、アルバイト等を行うことも許されると考えられています（京都地判平24・7・13労判1058・21）。

　例外的に、兼業によって、本来の仕事に影響が出てしまう、合計の労働時間が長くなり過ぎてしまう、企業秘密が漏洩してしまう、などの問題が生じてしまう場合には、就業規則をもって兼業を禁止することが許されると考えられています。

2　対応方法

　本ケースのシッター業は、厳密にいえば「他人に雇い入れられ」るというのとは異なるとも考えられます。

　しかし、就業規則による兼業の禁止が一定の場合に有効とされる趣旨を考慮すると、上記1のような問題が生じないかを十分に検討した上で、園に対してその検討結果をよく説明して、許可を求めるのがよいでしょう。

　副業であるシッター業が、本業の保育者の労務提供に支障を来すことになっては本末転倒です。

　副業の労働時間を管理し、体調管理にも気を付けてください。

　また、園の就業規則の服務規律の章には、遵守事項として、「法人の名誉や信用を損なう行為をしないこと。」という規定があるのが一般的です。副業であるシッター業においても、園の名誉や信用を損なう行為をしないこと、園に迷惑をかけないことに気を付けてください。

なお、マッチングサイト利用時にサイト側から案内がされていることもありますが、個人でベビーシッターを行う場合、都道府県（指定都市・中核市の場合は、指定都市・中核市）への届出が必要です（児童福祉法59の2①、児童福祉法施行規則49の2一）。

3　再発防止策

　兼業の禁止などを定める就業規則は、その文言だけでは許可の基準が判然としない場合も多く、園が判断に困ってしまうことや保育者が兼業を思いとどまらざるを得ないこともあります。

　兼業の許可の基準や許可の申請の手続等を整備することにより、園と保育者にとって不都合が生じないようにすることが望ましいといえるでしょう。

他園の園長からのアドバイス

　当園の就業規則では、現時点では、副業を禁止しています。
　しかし、今後は、アルバイトでベビーシッターをやりたいというような保育者が出てくると思います。
　また、世の中の流れ的にも副業を奨励するような雰囲気もありますので、就業規則については、副業を認める方向で変更することを検討しています。

40　休日に他園で働きたい場合は

相談内容　私は週に5～6日は、ある園（「メイン園」といいます。）に勤めていますが、休日はメイン園の近所の他の園（「サブ園」といいます。）でも働きたいと考えています。

そのサブ園には、これまでに単発で2～3回アルバイトに行ったことがあり、そのサブ園から、休日だけで構わないので、これからも働きに来てほしいと言われています。

メイン園の就業規則には、「園の許可なく他の法人等の業務に従事しないこと。」との規定がありますので、メイン園には許可を申請するつもりです。

メイン園から許可が下りない場合にサブ園で働くと、問題があるでしょうか。

ポイント

① メイン園の許可なくサブ園で働くと、兼業禁止規定違反及び競業避止義務違反で解雇又は懲戒処分の対象となる可能性や、損害賠償請求をされる可能性があります。
② メイン園での勤務の存続を希望するのであれば、メイン園とよく話し合ってください。

回　答

1　困りごとの診断

本ケースでは、兼業・二重就業には園の許可を必要とする就業規則の下で、園の許可が下りない場合でも二重就業をすると問題があるかをお悩みです。

(1) 兼業禁止規定

まず、兼業・二重就業を許可制とする等の制限をする規定（以下「兼業禁止規定」といいます。）は、多くの法人の就業規則に見られます。

兼業禁止規定につき、裁判例では、労働者が労働時間以外の時間をどのように利用するかは、基本的には労働者の自由であるとされていますが（東京地決昭57・11・19労判397・30）、一定の場合には兼業禁止規定により兼業・二重就業を制限することが許されると考えられています。

例えば、

① 労務提供上の支障となる場合（広島地決昭59・12・18労民35・6・644）
② 企業秘密が漏洩する場合（東京高判昭55・2・18労民31・1・49）
③ 競業により企業の利益を害する場合（名古屋地判昭47・4・28判時680・88）

などの場合です。

本ケースは、下記(2)の理由により③に該当しますので、メイン園が二重就業を許可しなかった場合であっても、必ずしも不当な制限とはいえないと考えます。

(2) 競業避止義務

また、労働者（本ケースの保育者）には、労働契約における信義誠実の原則（労契3④）に基づく付随義務として、使用者（本ケースのメイン園）の利益に著しく反する競業行為を差し控える義務があると考えられています。

そのため、在職中に、競合する第三者の業務に従事することはできず、従事した場合、解雇又は懲戒処分の対象となる可能性や、損害賠償請求がなされる可能性があるといえます。

2 対応方法

本ケースでは、当該保育者が、メイン園と競合する第三者であるサ

ブ園にメイン園の許可なく就業すると、兼業禁止規定違反や、競業避止義務違反により解雇又は懲戒処分の対象となる可能性や、損害賠償請求をされる可能性があります。

　メイン園から二重就業の許可が下りなかった場合にサブ園で就業することにはこのようなリスクが伴いますので、許可が得られるよう、メイン園とよく話し合いましょう。

3　再発防止策

　厚生労働省では、「働き方改革実行計画」（平成29年3月28日働き方改革実現会議決定）を踏まえ、副業・兼業の普及促進を図っています（厚生労働省「副業・兼業の促進に関するガイドライン」（平成30年1月））。

　時代の流れとしては、労働者の副業・兼業を政府が後押しする風潮があります。本ケースにおいても、当該保育者は、メイン園とよく話し合い、なぜサブ園でも就業を望むのか、それによりメイン園にどのようなメリットがあり、当該保育者がメイン園にどのような利益を還元できるのか、等を説明してください。メイン園が快く二重就業を許可してくれるよう、方策を練る必要があります。

先輩保育士・保育教諭からのアドバイス

> 　就業規則に副業を認める規定があれば問題ないという認識です。
> 　しかし届出は必要だと思います。就業規則を確認して、秘密保持などの契約を遵守することを忘れないでください。

第8 有給休暇

41 有給休暇の買上げを求められるか

相談内容 友人の保育士・保育教諭が働く園では、未消化のまま消えていく有給休暇に対して、その日数に応じた手当を出して、有給休暇を買い上げてくれたと聞きました。
　私も未消化のまま消えていく有給休暇があるので、園に買い上げてもらえると嬉しいのですが、園に買上げを求めることはできるのでしょうか。

ポイント

① 消滅時効などにより未消化のまま消えていく有給休暇を事前に買い上げること（買上げの予約）は、原則として、認められていません。
② 退職や消滅時効で結果的に未消化のまま消えることとなった有給休暇を園が買い上げる義務はないため、買い上げるか否か、また、買い上げる場合の金額は、園が判断することになります。保育者には買上げを求める権利はありません。

回答

1　困りごとの診断

　本ケースでは、園に未消化のまま消えていく有給休暇を買い上げてもらえないかをお悩みです。
　そもそも、有給休暇とは、労働者（本ケースでは保育者）の心身の疲労を回復させ、労働力の維持培養を図ることを目的とするものであ

り、現実に労働者に休暇を「与えなければならない」(労基39①)とされています。

したがって、有給休暇の取得抑制につながるような有給休暇の買上げの予約は、通達(昭30・11・30基収4718)でも労働基準法39条に違反するとされています。

もっとも、労働基準法39条が定める法定日数を超えて与えられている有給休暇日数部分については、買上げをしても同条違反とはなりません(昭23・3・31基発513、昭23・10・15基収3650)。

また、労働者が有給休暇を未消化のまま、その後時効、退職等の理由で有給休暇が消滅するような場合に、残日数に応じて使用者(本ケースでは園)が調整的に金銭の給付をすることは、事前の買上げと異なるので同条に違反するものではないと考えられています。

もっとも、このような買上げをするか否か、また、買い上げる場合の金額については、使用者が自由に決められます。

2 対応方法

保育者には、有給休暇の買上げを求める権利はありません。

有給休暇の買上げを期待するのではなく、保育者が権利として有する有給休暇を積極的に取得することを考えてください。

3 再発防止策

有給休暇を消化しにくい要因が何かあるのであれば、園と話し合って、その要因を取り除くようにしましょう。

園にも、有給休暇を買い上げることより、現実に保育者が有給休暇を取得しやすい環境を整備することが求められます。

先輩保育士・保育教諭からのアドバイス

　私の勤める園で、保育者が続々と退職し、保育者の補充がなかなかなされなかった年がありました。その時は、資格者の配置基準ぎりぎりの状態で現場が回っていたので、誰も有給休暇を取りませんでした。
　そのとき未消化だった有給休暇が今年で消えてしまうはずだったのですが、園が労働基準監督署に相談して、有給休暇を買い上げてもいいと助言されたそうです。そのため、消えるはずの有給休暇を買い上げてもらうことができました。

42 園のイベント時期と重なったため有給休暇の取得時季を変更するよう言われたら

相談内容　私は秋の連休を活用して長く休む形で有給休暇を取りたいと考え、園の決まりどおりに申請をしました。

ところが、秋は運動会、作品展、発表会とイベントが盛りだくさんで忙しいから、このイベント時期に有給休暇は取らないでくれと園に言われました。

イベント当日はさすがに有給休暇取得の申請をしていませんが、イベント前の準備期間まで有給休暇が取れないのは不満です。

有給休暇の取得時季の変更に応じなければいけないのでしょうか。

ポイント

① 本ケースでは、他に特段の事情がない限りは、園は時季変更権を行使することができず、保育士・保育教諭は指定した時季に有給休暇を取る権利があると考えられます。

② 園と保育者とで協力して、イベント準備期間に有給休暇を取っても問題のない状態を作り出すことが望まれます。

回答

1　困りごとの診断

本ケースでは、保育者の有給休暇の希望取得時季が、園のイベント時期と重なったため、園から有給休暇の取得時季を変更するように言われたが、応じなければならないのかをお悩みです。

有給休暇は労働者（本ケースでは保育者）の権利として、原則として、労働者が指定した時季に与えられます（労基39⑤）。例外的に、労働者が指定した時季に有給休暇を与えることが「事業の正常な運営を妨げる場合」に限り、使用者（本ケースでは園）は、他の時季に有給休暇を取得するよう命じ、労働者が指定した時季の有給休暇の付与を拒否することができます（時季変更権）（労基39⑤ただし書）。

　ここで、「事業の正常な運営を妨げる場合」に当たるかどうかは、「当該労働者の所属する事業場を基準として、事業の規模、内容、当該労働者の担当する作業の内容、性質、作業の繁閑、代行者の配置の難易、労働慣行等諸般の事情を考慮して客観的に判断すべきである」とされています（大阪高判昭53・1・31判時880・11）。

　また、使用者は「できるだけ労働者が指定した時季に休暇を取れるよう状況に応じた配慮をすることを要請」されています（最判昭62・7・10判時1249・33）。

　そのため、園は、他に特段の事情がない限り、単にイベント時期で忙しいことを理由に、保育者に対し、時季変更権を行使することはできないと考えられます。

2　対応方法

　園は、単にイベント時期で忙しいことを理由に時季変更権を行使することはできません。したがって、本ケースの保育者は有給休暇の時季指定の変更に応じる必要はありません。

　とはいえ、園からの有給休暇の取得時季の変更のお願いを断固拒否することは、同じ職場で働き続ける以上現実には難しいと思われます。

　法律上は応じる義務はないことを知った上で、園とよく話し合って妥協点を見つけることになると考えます。

3 再発防止策

イベント準備で忙しいのは本ケースの園も保育者も同じであると考えます。

そのため、園と保育者とで協力して、早めにできる準備は早めに済ませる、作業を合理化して必要のない作業は削る等の工夫をすることで、園も保育者も、イベント準備期間中であっても、快く有給休暇を付与、取得できる状態を作り出すことが望まれます。

> 他園の園長からのアドバイス
>
> 　時季変更権とは、事業の正常な運営を妨げる場合において、使用者が労働者の有給休暇の取得時季を変更できる権利です。
> 　事業の正常な運営を妨げる場合とは、「事業の規模、内容、当該労働者の担当する作業の内容、性質、作業の繁閑、代行者の配置の難易、労働慣行等諸般の事情を考慮して客観的に判断すべきである。」とされています。
> 　イベント当日はこれに当たると考えますが、イベント時期の間、ずっと有給休暇を取得させないというのは、法律上は難しいのではないでしょうか。

第9 メンタルヘルス・休職

43 メンタルヘルス不調の疑いのある保育士・保育教諭に対して医師への受診や休職を勧めたいが

相談内容 ある保育者が、就業中に突然涙が出て業務に集中できなかったり、遅刻や欠勤が増えたり、以前には考えられないようなミスを繰り返したりしています。本人に事情を聞いてみると、家庭の問題で精神的にストレスを抱えているそうです。

園は、医療機関への受診やしばらく休むことを勧めているのですが、本人に病気の自覚がないようで応じてくれません。園が受診や休職を命じることに問題はあるでしょうか。

ポイント

① 園は安全配慮義務を負っていますので、保育者にメンタルヘルス不調の疑いがあれば、受診を命じることができます。休職については就業規則等の根拠が必要です。
② 受診命令、休職命令についての規定を就業規則等に明記し、保育者にも周知しましょう。

回答

1 困りごとの診断

本ケースでは、園としては保育者のメンタルヘルス不調を疑っているが、保育者自身はメンタルヘルス不調を自覚しておらず、受診を拒否している点に問題があります。

園が受診や休職を命じられるのかを判断できないということは、おそらく園の就業規則等に規定がないのでしょうから、この点も問題です。

今後、園の管理者が替わっても正しい判断ができるよう、就業規則等も整備しましょう。

2　対応方法
(1)　安全配慮義務

園は、雇用契約、労働安全衛生法及び労働契約法5条に基づいて、保育者が労務を提供する過程において、その身体・生命を危険から保護するよう配慮する義務（安全配慮義務）を負っています。

> ○労働契約法
> （労働者の安全への配慮）
> 第5条　使用者は、労働契約に伴い、労働者がその生命、身体等の安全を確保しつつ労働することができるよう、必要な配慮をするものとする。

そして、この安全配慮義務を尽くすために、メンタルヘルス不調の疑いのある保育者の病状等を医療機関への受診結果により把握した上で、適切な措置を取る必要があります。

(2)　受診命令

就業規則等に、園が保育者に対して医師への受診を命じることができる旨を規定している場合は、この規定に従って受診を命じることができます（最判昭61・3・13労判470・6、労契7）。

このような規定がない場合であっても、労使間における信義ないし公平の観念に照らし合理的かつ相当な措置であれば、従業員に受診を命じることができると判断した裁判例（東京高判昭61・11・13判時1216・137）があります。

したがって、本ケースでも、合理的かつ相当な措置であれば、園は保育者に受診を命じることが可能です。

(3) 休職命令

就業規則等に、「園が、保育者の心身の状況により就労が不適当と認めた場合には休職を命じることができる」等の規定がある場合には、主治医の診断書の提出を求めたり、園の指定医の意見を聴取したりする等の所定の手続を経て、休職の合理性を判断した上で休職を命じることに問題はありません。

このような規定がなく、一定期間欠勤が継続した場合に私傷病休職を命ずることができる旨の規定が存在するにとどまる場合は、一定期間欠勤が継続した場合でないと、休職を命じることはできません。

3 再発防止策

受診命令や休職命令について、就業規則等の規定を整備しましょう。また、厚生労働省の指針（「労働者の心の健康の保持増進のための指針について」（平18・3・31基発0331001））やパンフレット（厚生労働省独立行政法人労働者健康安全機構「職場における心の健康づくり」）には、「メンタルヘルス不調への気付きと対応」と題して対応の方法が記載されていますので、参考にしてください。

他園の園長からのアドバイス

保育者の配置に余裕を持たせており、保育者たちの希望どおりに自由に休みを取らせているので、皆、精神的にいきいきしています。

また、園長である私が、保育者たちが話しかけやすい雰囲気を作っているため、不調の際も自分から教えてくれます。過去に、メンタルヘルス不調の保育者が自分から「辞めたい」と申し出てきたので、希望どおり退職してもらったことがあります。

第3章 保育士・保育教諭の労務に関する相談　165

参考資料
○就業規則の規定例

（検診命令）
第○○条　法人は、傷病の疑いがある職員に対して、受診する医師を指定して、検診を命じることがある。
2　職員は、前項の検診を正当な理由なく拒むことはできない。

44 うつ病休職中に妊娠した保育士・保育教諭がいたら

相談内容 私は業務外の原因によるうつ病休職中です。うつ病休職に入る前から妊娠が分かっていたのですが、まだ安定期に入っていなかったため、園には伝えていません。園の就業規則には、産休や育休についての規定があります。うつ病休職中でも、産休や育休は取得できますか。

ポイント

① 産前の休業は請求により取得できます。産後の休業も請求無しに取得できます。育児休業については、対象者に当たるのかを確認しましょう。
② 対象者に当たるのであれば、所定の手続に従って園に申し出てください。

回答

1 困りごとの診断

本ケースでは、病気休職中に産前産後の休業や育児休業が取得できるのかをお悩みです。

まず、病気休職（「傷病休職」）という制度は、労働協約や就業規則により園が設けた制度です。就業規則等の定めによりますが、休職期間満了時までに傷病から回復し、就労が可能にならない場合には、自然退職又は解雇となるのが一般的です。

次に、産前産後の休業（労基65①②）は、法律に基づく制度です。産

前の休業は、保育者の請求により産前6週間前（多胎妊娠の場合にあっては、14週間前）から取得できます。産後の休業は、保育者の請求の有無を問わず、産後8週間強制的に与えられる休業です（ただし、産後6週間を経過した保育者が請求し、医師が認めた場合は就業できます。）。産前産後の休業期間及びその後の30日間は、園は当該保育者を解雇することが禁じられています（労基19①）。また、産前産後の休業を理由とする不利益取扱いも禁止されています（雇均9③）。

そして、育児休業（育児介護2一）も法律に基づく制度です。1歳に満たない子どもを養育する保育者などは、所定の手続により園に申し出ることにより、子どもが1歳になるまでの間で希望する期間、育児のために休業できます。ただし、「育児休業をすることができない者」として労使協定で定められた保育者については、園は育児休業を与えないことが可能です（育児介護6）。育児休業を理由とした解雇その他の不利益取扱いは禁じられています（育児介護10）。

このように、産前産後の休業と育児休業は法律に基づく制度ですので、園の休職制度に優先すると考えられます。しかし、育児休業は対象者が限定されていますので、本ケースの保育者が、育児休業を取得できる保育者に当たるか否かの検討が必要です。

2 対応方法
(1) 産前産後の休業について

行政通達によると、「産前の休業の請求を行うためには就労していることが前提要件とはならない」とされています（昭25・6・16基収1526）。したがって、病気休職中でも請求により、産前の休業を取得できます。

産後の休業については、請求無しに取得できることは、上記1のとおりです。

(2) 育児休業について

「当該事業主に引き続き雇用された期間が1年に満たない労働者」や「育児休業申出があった日から起算して1年以内に雇用関係が終了することが明らかな労働者」(子どもが1歳未満の場合)、「1週間の所定労働日数が著しく少ないものとして厚生労働大臣が定める日数以下の労働者」を、労使協定により「育児休業をすることができない者」と定めることができることになっています(育児介護6①一、育児介護則8)。

本ケースの保育者の勤める園の労使協定でも、これらの者が育児休業の適用の対象外とされている可能性があります。本ケースの保育者がこれに当たらないかを確認しましょう。本ケースの保育者が育児休業の対象者であることが分かった場合、所定の手続を経れば育児休業を取得できます。

なお、育児休業期間中に休職期間の満了となる場合、休職期間の満了時に、就業可能であることが明らかな場合を除いては、園は難しい判断を迫られることになります。育児休業中ですので、リハビリ出勤等も実施できず、園として復職可能かどうかを判断するのは困難だからです。

現実的には、園は休職期間を延長し、保育者もそれに同意して、育児休業期間が満了した後に、復職の可否を判断できるようにすることが望ましいと考えます。

他園の園長からのアドバイス

本ケースのような経験がありませんので、正しい対処法が分かりませんが、もしもこのようなことがあれば、労働基準監督署か社会保険労務士や弁護士などの専門家に相談します。

参考資料
○育児休業の申出・取得等を理由とする不利益取扱いについて
　育児・介護休業法10条等では、育児休業等の申出・取得等を理由とする解雇その他不利益な取扱いを禁止しています。
　禁止される不利益取扱いの具体的内容については、指針(注)において示しています。

〈育児・介護休業法10条〉
　事業主は、労働者が育児休業の申出をし、又は育児休業をしたことを理由として、当該労働者に対して解雇その他不利益な取扱いをしてはならない。
※育児休業の他、介護休業、子の看護休暇、介護休暇、所定外労働の制限、時間外労働の制限、深夜業の制限、所定労働時間の短縮等の措置について申出をし、又は制度を利用したことを理由とする解雇その他不利益な取扱いについても禁止
　（育児・介護休業法16条、16条の4、16条の7、16条の10、18条の2、20条の2、23条の2）

不利益取扱い禁止の対象となる制度
○育児休業（育児のために原則として子が1歳になるまで取得できる休業）
○介護休業（介護のために対象家族1人につき通算93日間取得できる休業）
○子の看護休暇（子の看護のために年間5日間（子が2人以上の場合10日間）取得できる休暇）
○介護休暇（介護のために年間5日間（対象家族が2人以上の場合10日間）取得できる休暇）
○所定外労働の制限（育児又は介護のための残業免除）
○時間外労働の制限（育児又は介護のため時間外労働を制限（1か月24時間、1年150時間以内））
○深夜業の制限（育児又は介護のため深夜業を制限）

○所定労働時間の短縮措置（<u>育児又は介護</u>のため所定労働時間を短縮する制度）
○始業時刻変更等の措置（<u>育児又は介護</u>のために始業時刻を変更する等の制度）
※下線の措置については、事前に就業規則にて措置が講じられていることが必要です。

育児休業等の申出・取得等を理由とする不利益取扱いの例
1 解雇すること。
2 期間を定めて雇用される者について、契約の更新をしないこと。
3 あらかじめ契約の更新回数の上限が明示されている場合に、当該回数を引き下げること。
4 退職又は正社員をパートタイム労働者等の非正規雇用社員とするような労働契約内容の変更の強要を行うこと。
5 就業環境を害すること。
6 自宅待機を命ずること。
7 労働者が希望する期間を超えて、その意に反して所定外労働の制限、時間外労働の制限、深夜業の制限又は所定労働時間の短縮措置等を適用すること。
8 降格させること。
9 減給をし、又は賞与等において不利益な算定を行うこと。
10 昇進・昇格の人事考課において不利益な評価を行うこと。
11 不利益な配置の変更を行うこと。
12 派遣労働者として就業する者について、派遣先が当該派遣労働者に係る労働者派遣の役務の提供を拒むこと。

（注）「子の養育又は家族の介護を行い、又は行うこととなる労働者の職業生活と家庭生活との両立が図られるようにするために事業主が講ずべき措置に関する指針」
（厚生労働省ホームページ（https://www.mhlw.go.jp/file/06-Seisakujouhou-11900000-Koyoukintoujidoukateikyoku/0000137179.pdf（2019.9.17））を加工して作成

第10　配置転換

45　保育士・保育教諭として雇用したが適性がないため事務職員に配置転換したいが

相談内容　保育者として雇用した職員がいます。保育者としての適性がないようで、教育・指導を繰り返しても、なかなか園の思うような教育・保育を提供できる水準の保育者に育ちません。

一緒に働く職場の保育者たちも、その職員の教育・指導や、その職員の失敗の後始末に追われ、負担に感じているとのことです。

保育者としては仕事をこなせない職員ですが、事務職員にすれば解雇をせずに済むと考えますので、事務職員に配置転換したいです。このような配置転換はできるのでしょうか。

ポイント

① 当該保育者の同意があれば、事務職員への職種の変更は可能です。
② 当該保育者の同意のない場合、配置転換の命令（以下「配転命令」といいます。）を有効に出せるかについては、慎重な検討が必要です。裁判等で配転命令が無効とされた場合には、そのまま保育者として雇用し続ける必要があります。

回　答

1　困りごとの診断

本ケースでは、保育者としての適性がないと園が判断する職員を、

事務職員に配置転換させたいが、それが可能なのかをお悩みです。

まず、労働者（本ケースの保育者）と使用者（本ケースの園）との雇用契約において、特に労働者の職種や従事する業務等を特定した場合を除いては、一般に、使用者は業務上の必要に応じ、その裁量により配転を命じることができます。ただし、その配転命令は、無制限に許されるのではなく、①業務上の必要性がない場合、②業務上の必要性があっても他の不当な動機、目的を持ってなされた場合、③労働者に通常甘受すべき程度を著しく超える不利益を負わせる場合には、権利濫用として無効となります（最判昭61・7・14労判477・6等）。

本ケースでは、有効に配転命令を出せるかが問題となります。

2 対応方法

(1) 当該保育者との話合い

当該保育者に、事務職員への職種の変更を打診し、本人が応じるのであれば、事務職員に配置転換して問題はありません。

職種の変更に伴い、給与に変更がない、又は上がる場合には問題ありませんが、給与が下がる場合は、あらかじめよく説明して同意を得ることが必要です。

(2) 配転命令の検討

当該保育者が話合いでの配置転換に応じなかった場合に有効な配転命令が出せるかについては、慎重な検討が必要ですので、法律の専門家に相談してください。

一般には、医師、看護師、ボイラー技士などを例に挙げて、特殊の技術、技能、資格を有する者については、職種の限定があるのが通常だと考えられています。そうすると、保育士・保育教諭の資格は国家資格であり、高度な専門性を有する職種ですので、通常の場合は、職種の限定の合意があったと考えられ、事務職員への配転命令は無効と

なると考えられます。

　もっとも、職種の限定の合意がある場合でも、採用の経緯、職種の内容、職種変更の必要性及びその程度、変更後の業務内容の相当性、不利益の程度、代替措置等を考慮して、正当な理由がある場合には、配転命令が有効とされるとの考えを示した裁判例もあり（東京地判平19・3・26判タ1238・130）、事情によっては、有効な配転命令を出せる可能性もあります。そのため、この点については法律の専門家と相談の上で検討するのが妥当です。

3　再発防止策

　もしも、試用期間中から保育者としての適性がないと考えていたのであれば、早めに本採用をしないことを本人に伝えて、本採用を拒否して不採用にしておくべきでした。

　雇用期間の定めのある雇用契約でない場合、保育者との契約を終了させることはなかなか難しいのが現実です。

　転職者も含め、園で新規に保育者を採用する場合は、最初の1年は契約保育者として仕事の様子を見て、問題がなければ1年後に無期雇用の正規保育者として採用する方法も考えられます。

> **他園の園長からのアドバイス**
>
> 　資格を有している方でも、まれに、保育者としての適性がない方がいます。
> 　過去に、そのような方がいた際には、まずは保育の補助に入ってもらったのですが、庭掃除だったり、名簿作成だったりと、だんだん事務の方がメインになり、1年契約の方だったので、期間満了で雇用契約は終了しました。

46 職場結婚した保育士・保育教諭は必ず配置転換しなければならないか

相談内容　当園の保育者のうち、保育者同士で結婚をした保育者がいます。

一般の会社では、職場結婚をすると配置転換をする例が多いと聞いていますが、当園の就業規則には、職場結婚をすると異動させるというような規定はありません。

系列園があるので、配置転換自体はできないわけではありませんが、そもそも、職場結婚をした保育者は必ず配置転換をしなければならないのでしょうか。

ポイント

① 職場結婚のみを理由とした配転命令は無効となり得ます。必ず配置転換をしなければならないわけではありません。
② 職場結婚による問題が生じた場合に適宜対応することで足りると考えます。

回答

1　困りごとの診断

本ケースでは、職場結婚をした保育者は、必ず配置転換をしなければならないのかについてお悩みです。

そもそも、配転命令は、①業務上の必要性があって行われるべきであり、また、②本人の職業上・生活上の不利益に配慮して行われるべきであると考えられています（菅野和夫『労働法〔第11版補正版〕』685頁（弘文堂、2017））。

そして、①、②の両点において、権利濫用ではないかがチェックされ、権利濫用になる場合は配転命令は無効となります（最判昭61・7・14労判477・6等）。

2　対応方法

職場結婚で配置転換をしなければならない、業務上の必要性があるかどうかを検討します。

例えば、職場結婚の保育者同士の間で私的な会話が多く、業務の効率が低下している、あるいは、周りの保育者や保護者たちが不快になる、というのであれば、まずは注意や指導をしましょう。度重なるようであれば、叱責や戒告等の就業規則上の懲戒処分をするようにします。

それでも対応できないという事態が生じた場合に、業務上の必要性があるとして、配置転換を考えることで足りると考えます。

3　再発防止策

本ケースでは、周囲も職場結婚を祝福している環境か、それとも迷惑に感じている環境か、どのような職場環境かは分かりません。

しかし、職場結婚をした保育者たちに対して、今後は夫婦ということで、他の保育者や保護者からの視線が厳しくなる可能性もあります。そこで、園としては、これまで以上に気を引き締めて業務に当たってほしいということを伝えておくことも考えられます。

先輩保育士・保育教諭からのアドバイス

　私の勤務する園では、園長と主任は職場結婚をしています。副主任と給食調理員も職場結婚をしています。配置転換は全く行われていません。

　職場結婚をしたら必ず配置転換するというのは、逆に違法なのではないか、というのが当園の理事長のご認識です。

参考資料

○均等法Q＆A（厚生労働省ホームページ）

・事業主の方からのお問い合わせ

＜不利益な配置転換＞

問　職場結婚するとの報告がありました。
　　同僚が働きにくいと思うので、女性が自ら退職しない場合は退職を勧めるか配置転換をしたいのですがどうでしょうか。

答　職場結婚を理由に一方の性にのみ退職勧奨や配置転換を行うなど、配置等について男女で要件を異なるものとすることは、均等法に違反します。また、労働者が退職勧奨に応じないからといって、執拗に退職を迫ったり解雇したりした場合も均等法違反となります。そのような取扱いを行わないよう、十分にご留意ください。

第11 退　職

47　何日前に申出をすれば問題なく辞められるか

相談内容　私は新卒で正規保育士・保育教諭として勤めるこの園を辞めようと考えていますが、就業規則上は、退職を希望する者は3か月前に園長に申し出ることとされています。

転職経験のある他の保育者からは、1か月前に申し出ればよいと言われていますが、法律上は何日前に申出をすれば、問題なく辞められるのでしょうか。

退職は初めての経験なので、あまりに早くに退職を知らせて、職場で邪険に扱われることを心配しています。

ポイント

① 月給制の正規保育者の場合、法律上は退職する月の前半に園（使用者）に退職を申し入れることで退職が可能です。なお、賃金締切日が月末以外の場合には賃金締切日の翌日から次の賃金締切日までの1か月間の前半に退職の申出をする必要があります。
② 園の就業規則には問題がありますが、労働基準監督署や弁護士への相談無しに、退職の申出期間を短縮すると、かえって園との間で問題をこじらせる可能性があります。3か月前に退職の意思が固まっているのであれば、就業規則に従う方が問題が起こりにくいと考えます。

回答

1　困りごとの診断

本ケースでは、就業規則上は3か月前に退職を申し出る必要がある

が、それは保育者にとっては不都合であり、他の転職経験者からは、1か月前の申出で足りると言われたために、法律上、何日前に退職を申し出ればよいかをお悩みです。

　労働者による労働契約の一方的解約（辞職）については、法律上、期間の定めのない労働契約の場合は2週間前に申し出れば退職が可能です（民627①）。もっとも、期間で報酬を定めた場合（月給制の正規保育者の場合）には、次期（翌月）以後に対して、当期（当月）の前半に予告しなければなりません（民627②）（ただし、令和2年4月1日以降は、民法627条2項は使用者からの解約の申入れに限って適用されることになりますので、労働者に適用があるのは同条1項のみとなります。）。

　そのため、賃金算定期間の前半に退職を申し出た正規保育者は当期の末をもって退職できますが、賃金算定期間の後半に退職を申し出た正規保育者は、次期の満了時に労働契約が終了することとなり、約1か月半を要することになります。

　実務上は、後任探しや引継ぎ等に時間がかかりますので、1か月前に退職を申し出るよう、就業規則で定める例が多くあります。この場合、使用者の解雇予告期間が30日であること（労基20）とのバランスも考慮し、公序良俗（民90）には反さず、有効と考えられています。この場合には、1か月前までに退職を申し出る必要があります。

　しかし、就業規則で3か月前の申出を求めている場合、民法627条や労働基準法20条とのバランスから、公序良俗に違反し、無効とされる可能性が極めて高いです。

2　対応方法

　波風を立たせずに退職するには、邪険に扱われる心配があっても、退職の意思が固まっているのであれば、就業規則のとおり、3か月前には園に申し出るのがよいでしょう。

園としては、後任探しや引継ぎのために、保育者が退職を決めているのであれば、早めに知らせてほしいと考えているのが通常です。

　辞めたいのに辞めさせてくれない、といったブラック保育所・認定こども園の場合は別ですが、辞めていく保育者として、園にできるだけ迷惑を掛けずに円満に退職できるよう、保育者の側でも園に協力する姿勢を示しましょう。

　3か月前には退職の意思は固まっておらず、退職の意思が固まったのが退職前3か月を切っていた場合は、退職手続につき、園と揉める可能性があります。園が、「就業規則には3か月前の退職の申出を定めているのだから、退職には応じられない」という態度を示した場合には、労働基準監督署や弁護士に相談しながら、退職手続を進めることをお勧めします。

3　再発防止策

　公序良俗に反し、無効な規定を就業規則に定めることは、労働者の使用者に対する信頼を損ないますので、園としては、就業規則の定めを適法な定めに変更すべきです。

　保育者としても、法律上はいつまでに退職届を出せば退職できるのかを知った上で、園の就業規則上はいつまでに退職を申し出なければならないのかを確認し、対応するようにしましょう。

先輩保育士・保育教諭からのアドバイス

　私の勤める園では、半年に1回行う園長との個人面談の前に、アンケート用紙が配られ、その中に、退職の予定の有無や退職の希望時期を書く欄があります。

　退職を考えていた際に正直に記入したところ、園長がよく話を聞いてくださり、不満だった点について改善が図られたので、退職しようと思わなくなりました。

48 最後に有給休暇を使って辞職したいときは

相談内容　家族の都合で遠方に引っ越すことになり、今勤めている園を退職することになりました。

そこで、これまでに未消化の20日分の有給休暇を一気に全部使って、海外旅行に行った後、退職をしたいと考えています。

こんなに長い期間お休みをいただくと他の保育士・保育教諭にも迷惑を掛けるので、忍びないという気持ちもあります。しかし、最後くらい私の自由にさせてほしいというのが本音です。実現可能でしょうか。

ポイント

① 法律上は実現可能ですが、園とよく話し合いましょう。
② 園に迷惑を掛けずに済むよう、退職予定日を遅らせる方法も考えられます。

回　答

1　困りごとの診断

本ケースでは、退職前の有給休暇の一括消化を実現できるのかをお悩みです。

有給休暇は労働者（本ケースでは保育者）の権利として、原則として、労働者が指定した時季に与えられます（労基39⑤）。例外的に、労働者が指定した時季に有給休暇を与えることが「事業の正常な運営を妨げる場合」に限り、使用者（本ケースでは園）は、他の時季に有給休

暇を取得するよう命じ、労働者が指定した時季の有給休暇の付与を拒否することができます（時季変更権、労基39⑤ただし書）。

　もっとも、この時季変更権の行使には、他の時季に有給休暇を取得させることが可能であることが前提となっています。そのため、労働者が退職時に未消化の有給休暇を一括で取得したいと申請してきた場合には、他の時季に有給休暇を取得させることが不可能です。したがって、使用者が時季変更権を行使する余地はないと考えられます。

　この考え方に従えば、本ケースでは、保育者は、退職時に有給休暇の時季を指定すれば（20日分の有給休暇を消化して、20日後に退職をすれば）、園は時季変更権を行使する余地がなく、保育者の希望どおりの有給休暇の取得が可能となることになります。

2　対応方法

　まずは、園に20日分の有給休暇を一気に消化して退職したいという意向を伝えましょう。そして、園には保育者が有給休暇中の代替要員を早めに確保してもらいます。

　また、早めに引継ぎや残務処理を行い、有給休暇の消化終了と同時に退職しても園や他の保育者が困らない状態を作りましょう。

　園との話合いにより、場合によっては、退職日を遅らせることで、園にも迷惑を掛けず、保育者の希望も通ることになるでしょう。

```
（例）
当初：保育者は、3月31日で退職、その20日前（休日を除く。）から有給
　　　取得を希望
　　　　　↓　話合い
話合いの結果：保育者は、4月1日から20日間（休日を除く。）有給取得、
　　　　　　有給最終日に退職することに変更
```

3 再発防止策

　長期間にわたる有給休暇の取得は、園の業務計画や他の保育者の休暇請求などとの調整が必要となります。

　退職者に限らず、保育者に長期休暇取得の希望が多いのであれば、年度当初に個人別に休暇取得希望を出してもらい、園全体で調整するなど、有給休暇取得の手続自体を見直す必要が生じるかもしれません。

他園の園長からのアドバイス

　有給休暇を使い切って退職してもらうのは構わないのですが、業務に支障のない範囲での取得をお願いしています。

　そのため、退職希望の保育者と話し合って、実際に出勤するのは3月末まででしたが、退職日を4月5日とし、4月中に有給休暇を使い切ってもらったケースがあります。

49　退職を一定期間前に告げたのに借上社宅退去の申出期間が退去6か月前になっていたら

> **相談内容**　今年の1月4日に今年の3月末での退職願を提出し、園の借上社宅からの退去も申し出ました。
>
> ところが、園の借上社宅の賃貸借契約書には、退去6か月前に申出が必要だと規定されているので、辞めた後の4月から7月までの分の家賃の支払が必要だと園に言われました。
>
> 4月からは他県の園で働くので、現在の園の借上社宅に住み続けて勤務することはできません。それでも、4月から7月までの分の家賃も支払わなくてはならないのでしょうか。

▌ポイント

① 本ケースの「園の借上社宅の賃貸借契約」を賃貸借契約と考えるか、それ以外の契約関係(使用貸借契約等)と考えるか、賃貸借契約だとすると期間の定めや解約権の留保の内容はどうか、といった点により結論は変わってきます。

② 本ケースの園の借上社宅の性質をどう考えるとしても、労働基準監督署や弁護士に相談してください。

▌回　答

1　困りごとの診断

本ケースでは、一定期間前に退職と借上社宅からの退去を申し出たのに、契約書では借上社宅の退去申出期間が6か月前になっているので、退職後も借上社宅の賃料を支払わなければならないのかをお悩みです。

借上社宅については、会社（本ケースでは園）と従業員（本ケースでは保育士・保育教諭）との間における「有料社宅の使用関係が賃貸借であるか、その他の契約関係であるかは、画一的に決定し得るものではなく、各場合における契約の趣旨いかんによって定まる」（最判昭29・11・16民集8・11・2047）とされています。

　そのため、「園の借上社宅の賃貸借契約」の性質については、使用料の額や、契約の趣旨・目的・経緯などに照らして判断されることになります。

　社宅の利用関係が、賃貸借契約とされた場合、期間の定めや解約権の留保の内容により結論が変わってくると考えられます（民617・618、消費契約10）。

　他方、社宅の利用関係が、雇用契約に付随する利用関係（使用貸借契約等）とされた場合、雇用契約の終了に伴い、社宅の利用契約は終了すると考えるのが妥当です。通常は明渡しのための猶予期間が認められますが、本ケースのように、退職と社宅の退去が同日の場合には、退職日に社宅の利用契約は終了します（民597①②参照）。

2　対応方法

　本ケースの「園の借上社宅の賃貸借契約」の具体的内容や、契約の趣旨・目的・経緯等次第で、賃貸借契約かそれ以外の契約（使用貸借契約等）かは変わります。

　もっとも、退職及び退去後の4月から7月までの社宅の利用料を請求してくることは、社会通念上妥当とはいい難いものと考えます。

　園の借上社宅の退去申出期間を6か月前に設定することにより、事実上、保育者の退職を妨げている疑いもあります。

　いずれにせよ、本ケースは、法律上の知識を前提として具体的な事実関係を踏まえた対応が必要となるケースです。保育者のみで園と交

渉するのは難しいでしょうから、労働基準監督署や弁護士などの専門家に相談してください。

3　再発防止策

保育者の不足している現状を受けて、保育者を辞めさせないために、法律上不当な妨害行為をしている園は残念ながら存在します。

何かおかしいなと思った場合は、早めに弁護士や労働基準監督署に相談してください。

弁護士に依頼する経済的な余裕がない相談者のために、全国の法テラスでは、相談料無料や弁護士費用の援助の仕組みを用意しています。

先輩保育士・保育教諭からのアドバイス

　退職後の新しい就職先の理事長に相談したところ、就職先の顧問弁護士を紹介してもらいました。

　その弁護士に対応をお願いし、交渉をしてもらい、引っ越し後の社宅の賃料は払わずに済みました。

50 就業規則どおりに退職を申し出たにもかかわらず辞めた後の損害賠償を請求されたら

相談内容 昨年末に、今年の3月末日付で退職することを園長に口頭で伝えました。同じく3月末で退職をする他の保育士・保育教諭と一緒に伝えました。

3月31日に退職して、4月1日からは他の園で働き始めたのですが、4月中旬に、辞めた園を運営する法人から、「貴殿の3月末での退職は認められない。貴殿が4月上旬に欠勤した分、法人には、派遣会社から保育者の派遣を受けた費用の額の損害が生じている、ついてはその損害を賠償せよ」との内容証明が送られてきました。

私は、就業規則どおりに退職を申し出たにもかかわらず、辞めた後に生じた損害を賠償しなくてはならないのでしょうか。

ポイント

① 本ケースの保育者が就業規則どおりに退職を申し出ていたことが認められれば、保育者に損害賠償義務はありません。
② 保育者からの返信文書のみでは解決しない場合には、労働基準監督署や弁護士に相談してください。

回答

1 困りごとの診断

本ケースでは、就業規則どおりに退職を申し出たにもかかわらず、辞めた後に法人に生じた損害を賠償しなくてはならないのかをお悩みです。

労働者（本ケースでは保育者）の一方的な労働契約の解約である辞

職（本ケースの退職）は、原則として2週間の予告期間を置けば、自由にできます（民627①）。

　辞職については、就業規則で1か月前の申入れを定める例があります。これは、引継ぎに時間を要する等の合理的な理由があれば、一般的には、有効な規定であると考えられています。

　本ケースでは、2週間以上前に、しかも就業規則どおりに、3月末で退職する旨を園長に伝えたのですから、法律上、有効な辞職の申入れがあったことになります。そのため、辞めた後に辞めた園に生じた損害を賠償する必要はありません。

　他方、辞めた園は法律上有効な辞職を認めないと主張しています。園長から園を運営する法人に、本ケースの保育者の辞職の連絡がなされていなかったのか、何か辞めた園側に誤解が生じているとも考えられます。

　世間には、労働者の辞職の申出に対し、「辞めるなら損害賠償請求をする」と脅し、実際に損害賠償請求をしてくるような悪質な使用者もいますので、注意が必要です。

2　対応方法

　まずは、就業規則どおりに辞職を申し入れたので、辞めた後に生じた損害を賠償する義務はない、ということを文書にして、辞めた園を運営する法人に送りましょう。

　それでもしつこく請求してくる場合は、労働基準監督署や弁護士などの労務の専門家に相談してください。

　弁護士に依頼する経済的な余裕がない相談者のために、全国の法テラスでは、相談料無料や弁護士費用の援助の仕組みを用意しています。

　一緒に退職を伝えた辞めた園の他の保育者とも連絡を取り、いざ、辞めた園と「言った、言ってない」の争いになった場合には、証人になってもらえるようにしましょう。

3 再発防止策

本ケースでは、退職を園長に対し口頭で伝えています。

後日の争いを防ぐために、「退職届」として、文書で提出する方が望ましいです。また、念を入れるのであれば、辞める園から、退職届を受理したことを認める文書やサイン等をもらうことが考えられます。

先輩保育士・保育教諭からのアドバイス

退職後の新しい就職先の理事長に相談したところ、就職先の顧問弁護士を紹介してもらいました。

その弁護士に対応をお願いし、賠償金は払わずに済みました。

第12 解 雇

51 過去に自己破産している保育士・保育教諭を辞めさせたいが

相談内容　当園で中途採用した保育者が、過去に自己破産していることが分かりました。
履歴書にはそのことは書かれていませんでした。
当該保育者が履歴書でも隠していたとおり、自己破産にはマイナスのイメージがあり、当園の保育者としてはふさわしくないと考えます。そこで、過去に自己破産をしていることを理由に解雇したいのですが、そのようなことはできるのでしょうか。
なお、その保育者が園のお金を管理することはありません。

ポイント

① 過去の自己破産を理由に保育者を解雇することはできません。
② 自己破産は生活再生のための制度ですので、悪いイメージを持つ必要はありません。

回答

1　困りごとの診断

本ケースでは、過去に自己破産をした保育者を、それを理由に解雇できるのかをお悩みです。
そもそも、過去に自己破産をしたということは、保育者の私生活上の出来事です。そして、保育者の私生活上の出来事と、保育者の業務遂行には関係がなく、労働契約に影響しないと考えるのが原則です。

したがって、保育者の過去の自己破産を理由とする解雇は認められません。

また、自己破産は犯罪ではありませんので、履歴書に記載する義務もありません。そのため、履歴書に自己破産歴を書かなかったことをもって、何らかの懲戒処分をすることも、客観的に合理的な理由を欠き、認められません。

2　対応方法

本ケースでは、「自己破産にはマイナスのイメージがあり」、ということですので、園の保育者が過去に自己破産をしていたと知ることは、園にとってはショックな出来事かもしれません。

しかし、自己破産の原因は様々です。病気の家族を助けるための医療費がかさんだのかもしれませんし、親戚の借金の肩代わりをしたのかもしれません。

いずれにせよ、自己破産は、自分の収入や財産で債務を支払うことができなくなった場合、裁判所を通じた手続により、破綻した生活を立て直すことを目的としている制度です。

ですから、過去に自己破産を経験した保育者に対しても、偏見を持つことなく、他の保育者と同じように接するようにしましょう。

3　再発防止策

本ケースでは、当該保育者が園のお金を管理することはないということです。

例えば、当該保育者が経理を担当していた場合は、さすがに、お金の管理を任せることに園は躊躇するでしょう。この場合に、配置転換をして、当該保育者を経理の担当から外すことは、「業務上の必要性」があれば有効にできると考えます。

他園の園長からのアドバイス

　過去に自己破産をしていても、それを理由に辞めさせられないと思います。

　現在の園で、例えば1,000円でも園のお金を横領したときは、その時に辞めさせられると思っています。

　現在の園で、自己破産しそうな保育者がいたら、早く相談に乗って顧問弁護士などを紹介すると思います。

52 試用期間中の保育士・保育教諭が過去にうつ病休職をしていることが分かったので辞めさせたいが

相談内容　試用期間中の保育者が、過去にうつ病休職をしていることが分かりました。

試用期間中の現在まで、欠勤することもなく、変わった様子もなかったのですが、その保育者の気分が落ち込むような出来事があった際に、保育者本人から、「実は、過去にうつ病で休職をしていました。」と打ち明けられました。

過去のうつ病休職を理由として、試用期間中に解雇、又は試用期間満了時に本採用拒否をしたいと考えますが、そのようなことはできるのでしょうか。

ポイント

① 過去のうつ病休職を理由に試用期間中の保育者を解雇又は試用期間満了時に本採用拒否をすることはできません。
② うつ病が再発しないよう、園として必要な体制を整えましょう。

回答

1　困りごとの診断

本ケースでは、過去にうつ病休職をしていた試用期間中の保育者を、それを理由に試用期間中に解雇、又は試用期間満了時に本採用拒否ができるのかをお悩みです。

試用期間とは、本採用の前に行われる、労働者の資質・性格・能力

などの適格性を判定するための期間です。法的には、解約権が留保された労働契約であると考えられています。すなわち、試用期間開始時から通常の労働契約が成立していますが、試用期間中は使用者に労働者の不適格性を理由とする解約権が大幅に留保されているというものです。

判例（最判昭48・12・12民集27・11・1536）では、本採用拒否の有効性について、このような留保解約権に基づく解雇は通常の解雇よりも広い範囲において解雇の自由が認められてしかるべきであるとした上で、「解約権留保の趣旨、目的に照らして、客観的に合理的な理由が存し、社会通念上相当として是認され得る場合」にのみ許されると判示しています。

理念的には、本採用後の解雇の場合に比べると、本採用拒否の有効性は緩やかに判断されることになるのでしょう。

しかし、近年の裁判例をみると、実際は本採用後の解雇の場合とそれほど大きく変わらない判断がなされています。

また、試用期間中の解雇についての判断の枠組みは、本採用拒否の場合と同じというのが一般的な考え方です。

2　対応方法

上記1のような、解雇又は本採用拒否の判断の枠組みに照らして考えることになります。

本ケースでは、単にうつ病の既往歴があるというだけです。現在の業務に支障を来しているわけではありません。そのため、解雇又は本採用拒否の客観的に合理的な理由が存在しません。

したがって、過去のうつ病による休職を理由に、試用期間中に解雇又は試用期間満了時に本採用拒否をすることはできません。

本ケースの保育者は、うつ病の既往歴があるということですので、

症状の再燃・再発の防止については、早期の気付きと迅速な対応が不可欠です。

「改訂　心の健康問題により休業した労働者の職場復帰支援の手引き」（厚生労働省）を参考に、園でも体制を整えましょう。

3　再発防止策

うつ病を含むこころの病気は、誰でもかかる可能性があります。生涯を通じて5人に1人がこころの病気にかかるともいわれています。しかし、その多くは治療により回復します（厚生労働省ホームページ「知ることからはじめよう　みんなのメンタルヘルス総合サイト」）。

うつ病を正しく理解し、園として適切な配慮をしながら、既往歴のある保育者にも活躍してもらいましょう。

> **他園の園長からのアドバイス**
>
> 　うつ病の既往者は、責任感が強く、真面目で、きちんとした仕事をしてくれる方が多いと感じているので、私の園では積極的に採用しています。
> 　ただし、几帳面で繊細な面もあり、様子がおかしいときは、園長の判断でシフトを変更して休みを取るようにしてもらっています。
> 　そのため、現場が回るよう常に保育者の数は余裕を持たせて多めに採用し、パートや非常勤の保育者も活用しています。

53 園の保育理念に沿わない保育士・保育教諭を退職させたいが

相談内容　当園では、温かい家庭的な雰囲気の中で、保育者が親代わりとして園児に接し、温かく見守ることを大切にしています。そして、保育者には、このような園の理念を説明して理解した上で、入職してもらっています。

ところが、ある保育者が、当園の保育理念に沿った教育・保育をしてくれません。

これまでにも度々指導して改善を求めたのですが、改善する気がないのか改善する気があっても実践できないのかは分かりませんが、なかなか改善しません。

解雇は難しいと思うのですが、なんとか退職してもらうことはできないのでしょうか。

ポイント

① まずは、指導方法を見直しましょう。指導の内容や当該保育者からの指導を受けての振り返りは全て記録に残します。
② 改善の進捗状況と、更なる改善のために必要な実践内容とを園と当該保育者とで繰り返し話し合い、辞職や合意解約を望む場合でも、当該保育者の意思を尊重し、半強制的ないし執ような退職勧奨とならないよう注意しましょう。

回　答

1　困りごとの診断

本ケースでは、園の保育理念に沿わない保育者に、退職をしてもら

うことができないかをお悩みです。

(1) 解雇について

使用者（本ケースでは園）からの一方的な労働契約の解約を「解雇」といいます。

「解雇」は、「客観的に合理的な理由を欠き、社会通念上相当であると認められない場合は、その権利を濫用したものとして、無効」とされます（労契16）。

現実的には裁判所で有効と認められるハードルが高く、労働者とトラブルになる可能性が高いです。そして、本ケースの相談者もお考えのとおり、本ケースの保育者には解雇に相当するような事由がないと考えます。

(2) 退職について

そこで、解雇によらない労働契約の終了として「退職」を検討します。

「退職」には、①労働者（本ケースでは保育者）からの一方的な労働契約の解約である「辞職」（民627①・628）、②労働者と使用者の合意による解約である「合意解約」、③労働者が一定の年齢に達したときに労働契約が終了する「定年退職」、④その他、契約期間や休職期間満了による退職や労働契約の当事者（労働者、使用者）の死亡・消滅による労働契約の終了などがあります（菅野和夫『労働法〔第11版補正版〕』703～716頁（弘文堂、2017））。

本ケースでは、①の辞職や②の合意解約を検討することになります。

ただし、半強制的ないし執ような退職勧奨といった違法な退職勧奨がなされた場合には、退職が無効となる場合や不法行為となる場合があります（最判昭55・7・10労判345・20）。そのため、①や②は、労働者に改善を求めることと並行して検討していくことになります。

2　対応方法

「これまでにも度々指導して改善を求めた」が、「なかなか改善し」ないということです。そのため、園内での指導には限界があるのかもしれません。園と似た保育理念を掲げる他園に出向させて学ばせる、指導の上手な園外のアドバイザーから指導を受ける等、園外の力を借りることも考えられます。

園内での指導を続けるにせよ、園外の力を借りるにせよ、

① 指導の実績は全て記録に残し、本人からも都度、振り返りの記録を提出してもらいます。本人からの振り返りの記録には、園が必ずフィードバックをしましょう。
② ①の記録を基に、当該保育者と話合いを繰り返し、園が求めている具体的な内容はどのようなもので、当該保育者には何が足りていないのかを明らかにします。
③ 園と当該保育者とで、どうすればその差を埋められるのかを話し合い、当該保育者にも足りていない現状と埋めるために必要な実践すべきことを自覚させます。これらも記録が残るよう、文書で行ってください。

当該保育者が園の保育理念に沿った教育・保育を実践するようになるまで、粘り強く上記①～③を繰り返してください。

一方で、当該保育者がどうしても園の保育理念に沿わないようであれば、個人としての信念など何か他の理由があるのかもしれません。上記①～③を繰り返すことは、当該保育者にとっても、この園で働き続けることが自分自身にとってよいのかを考える機会になります。

なお、結果として当該保育者が退職した場合に、後に「違法な退職勧奨をされた」と、辞職、合意解約の無効主張や損害賠償請求をされないよう、園の方から「退職」という選択肢を提示することは避けてください。

万一の場合には「退職」までの経緯が説明できるよう上記①〜③の記録は保管しておくのがよいでしょう。

3　再発防止策

園のこれまでの指導が、当該保育者にはうまく伝わっていなかった可能性も考えられます。

せっかく入職した保育者をうまく指導し、園の保育理念に沿った教育・保育を実践するようにするため、当該保育者が指導を受けても改善しない原因を早めに探り、対応策を考えましょう。

他園の園長からのアドバイス

私個人の見解ですが、50代など、ある程度の年齢を過ぎた方はなかなか変わらないと思っています。

逆に言えば、それくらいのベテランの方がいると、保育に一貫性が出て、若手保育者にとっては頼りになると考えています。

| コラム | 処遇改善制度は保育所職員に幸福をもたらしたか |

　保育士を主体とした保育所職員に対する処遇改善の取組は平成25年度から始まり、令和へと元号が改まった今年で7年目を迎えています。保育所職員の担う、子どもの命と育ちを支えるという重責にふさわしい賃金保障を、との目的で設けられたはずのこの制度ですが、必ずしも所期の成果をもたらしているとはいい難い現状も散見されます。

　計算方法や配分方法などの制度設計上の問題点もさることながら、最も重要な課題として挙げられるのは、制度に対する自治体担当者や施設長の理解度が極めて低いことです。その最たる原因は制度の複雑さにあり、処遇「改善」の内容には運用する自治体や施設によって大きな差異が生じているとともに、その実態を所管省庁たる内閣府や厚生労働省が的確に把握できていません。そのため筆者などは、政府が国会で"保育士の給与は平均○％上昇した"などと説明しているのを聞いても、その集計の基となったデータ自体の正確性に疑問を感じ、にわかには信じかねる印象が否めないのです。

　保育所の運営に要する費用として施設に支弁される委託費を例にとれば、そもそも委託費は必要と予測される支出額の積算によって成り立っているため、実際に支出される額とは一致しません。"保育士の給与はこれくらい"と国が予測して積算しても、職員の平均年齢や勤続年数などの条件は施設それぞれに異なるため、積算どおりの支出で施設が運営できるはずもないのです。今般国が求めている処遇改善は、委託費とは別の財源を支弁することで

賄われるものもありますが、元々の委託費の中からの支出を求められているものもあり、このことは全国の保育所、特に自治体の単独補助がほとんどないような地域の保育所にとっては、資金収支計算上・事業活動計算上（損益計算上）の赤字を生じさせる大きな要因の一つともなっています。

　また保育所の職員はその多くが女性であるため、非常勤職員の既婚者は配偶者の扶養の範囲で勤務する職員が多数を占めます。そのためこれらの非常勤職員に処遇改善を実施すると、必然的に就労可能時間数が減少し、かえって保育士不足を加速させるという矛盾が起こっています。平成30年から配偶者控除・配偶者特別控除の制度が変更されましたが、例えば保育士として就労する女性職員が就労時間を増やしたときの税負担を軽減するような、もっと思い切った政策を時限的に実施する方が、即効性は高いのではないかとも考えられます。

　いずれにしても、保育所職員の処遇改善が国策として必要不可欠であるならば、全国の自治体や施設が同じ基準で正しく実施できるような、制度構築とその周知が必要不可欠なのではないでしょうか。

松本和也
　（株式会社福祉総研　代表取締役）

第 4 章

保育士・保育教諭のトラブル・
　人間関係に関する相談

202

第1 事　故

54　保育士・保育教諭が通勤途中で事故に遭ってしまったら

相談内容　園への通勤途中に事故に遭ってしまいました。骨折をしてしばらく入院、退院後には1か月の自宅療養が必要と診断されました。出勤できないので、給料がもらえなくなるのは仕方のないことだと思いますが、労災保険から治療費や休業補償をもらえますか。

また、長らく欠勤することになるので、解雇されないか心配です。解雇されてしまうのでしょうか。

ポイント

① 労働基準監督署長に申請をし、通勤災害に該当すると認定されれば、労災保険から療養給付や休業給付を受けられます。
② 通勤災害の場合は、業務上の災害の場合のような解雇の制限はありません。通常の解雇と同じ基準で判断されます。

回答

1　困りごとの診断

本ケースでは、通勤途中の事故で、労災保険から治療費や休業補償をもらえるのか、長期欠勤を理由に解雇されないかをお悩みです。

まず、通勤途中の事故が、「通勤災害」と認定されれば、労災保険から療養給付（労災22）や休業給付（労災22の2）を受けられます。

療養給付は、治療費を直接病院に支払ってもらったり、立て替えた

治療費を全額払ったりしてもらえるものです。

　休業給付は、療養のための休業の4日目から支給され、1日につき給付基礎日額の60％が支給されます。また、給付基礎日額の20％が特別支給金として支給され（労働者災害補償保険特別支給金支給規則3）、合わせて給付基礎日額の80％が支給されます（労災22の2・14）。ただし、通勤災害の場合は一部負担金200円が減額されます（労災31②）。

　ここで、「通勤災害」とは、労働者が「通勤」により被った負傷、疾病、障害又は死亡をいいます（労災7①二）。

　そして、「通勤」とは、就業に関し、
① 　住居と就業の場所との間の往復
② 　就業の場所から他の就業の場所への移動
③ 　一定の要件に該当する、住居と就業の場所との間の往復に先行し又は後続する住居間の移動

を合理的な経路及び方法により行うことをいい、業務の性質を有するものを除くものとされています（労災7②）。

　なお、業務上の災害の場合は、その療養のために休業する期間及びその後30日間は解雇が制限されています（労基19①）。これに対し、通勤災害の場合は、このような解雇の制限がありません。したがって、解雇に客観的に合理的な理由があり、社会通念上相当であると認められる場合には、解雇は有効です（労契16）。

2　対応方法

　労働基準監督署長に請求書などを提出することにより、保険給付を受けます。具体的な手順は、後掲の 参考資料 の図のとおりです。

　本ケースでは、「長らく欠勤することになる」というその欠勤期間が、どの程度になるのかが分かりません。また、その他の具体的な事情も分かりません。もしも、長期欠勤を理由に解雇を言い渡されたら、労

働基準監督署の相談コーナーや、弁護士等の専門家に相談してください。

なお、事故の損害について加害者から賠償金の支払がある場合には、労災保険との間で調整がなされるので、この点についても労働基準監基署等で相談してください。

3　再発防止策

事故に遭わないよう日頃から安全な通勤を心がけることはもちろんですが、不幸にして事故に遭ってしまった場合には十分に療養する必要があり、休業せざるを得ない場合があります。

日頃から園と良好な関係を築き、長期欠勤があっても、園に戻ってきてまた働いてほしいと思ってもらえる保育者を目指すことも考えられます。

> **他園の園長からのアドバイス**
>
> 　過去に、通勤中の自動車事故で亡くなった保育者がいました。そのときは、労働基準監督署から園に問合せがきて、どういう就業状態だったのか聞かれました。
> 　結果として労災で対応されました。
> 　その保育者だけに任せていた専門分野があり、その保育者が担っていた役割が大きかったので、欠員が出た時のフォローに苦労しました。
> 　そのため、以後は、保育者の仕事を全てオープンにして、欠員が出てもフォローできる体制を整えています。

参考資料
○怪我や病気の治療を受けた場合の給付手続

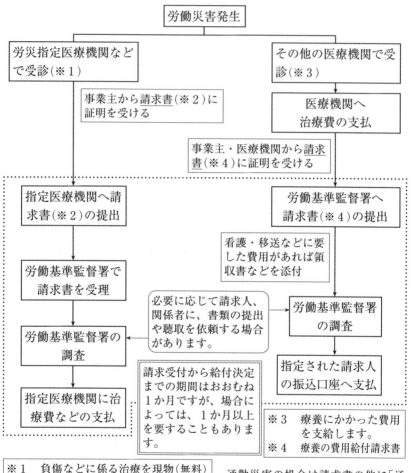

(厚生労働省ホームページ（https://www.mhlw.go.jp/new-info/kobetu/roudou/gyousei/kantoku/dl/161108-21.pdf（2019.9.17））を加工して作成）

第4章 保育士・保育教諭のトラブル・人間関係に関する相談

○休業（補償）給付を受けるための手続

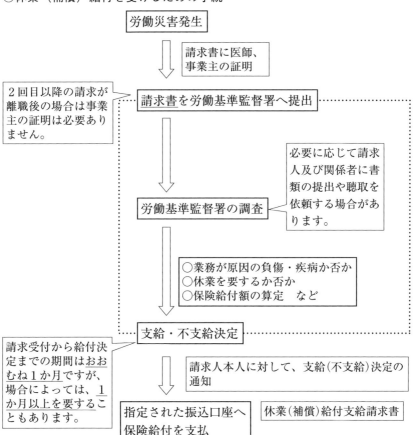

（厚生労働省ホームページ（https://www.mhlw.go.jp/new-info/kobetu/roudou/gyousei/kantoku/dl/161108-21.pdf（2019.9.17））を加工して作成）

55 保育士・保育教諭が帰宅中に自転車で事故を起こしてしまったので園の保険を使いたいが

相談内容　ある保育者が、就業後、帰宅中に園の近隣にお住まいの歩行者に自転車で接触してしまい、整形外科への受診が必要な怪我を負わせてしまいました。

園で加入している賠償保険について、保険会社に問い合わせたところ、保育者が園児に怪我をさせたような事故が対象で、保育者の帰宅中の加害はこの保険ではカバーされていないとのことでした。

園として、何らかの保険を使うことはできないでしょうか。なお、この保育者は園の借上社宅に住んでいます。

ポイント

① 保育者が帰宅途中に起こした事故の責任は保育者個人にあります。この場合、保育者自身が個人賠償責任保険に加入していれば、その保険を使うことが考えられます。

② 賃貸住宅において賃貸人から加入が求められる火災保険には、特約として個人賠償責任保険が付いていることがあります。園の借上社宅についても確認しましょう。

回答

1　困りごとの診断

本ケースでは、通勤中とはいえ、まずは、事故を起こした保育者個人が事故の責任を負います。本人が個人賠償責任保険に加入していれ

ば、その保険を使うことで問題は解決します。

　個人賠償責任保険とは、一般には、自動車に起因する事故など一部の例外を除く日常生活の事故によって、被保険者が他人に怪我を負わせたり、他人の財物に損害を与えたりして、法律上の損害賠償責任を負った場合に、治療費や慰謝料等の損害を補償するものです。

　個人賠償責任保険は、特約として火災保険や傷害保険、自動車保険、自転車保険などに付帯して契約されるのが一般的です。また、県民共済や全労済などの共済に付帯されていたり、クレジットカードのオプションとして契約されていたりする場合があります。

2　対応方法

　まず、事故を起こした保育者個人が個人賠償責任保険に加入していないか、保育者個人に調べてもらいましょう。

　保育者個人が同保険に加入していなかった場合、園で何らかの保険が使えないかを検討します。

　当該保育者は、園の借上社宅に住んでいるということですので、賃貸契約の賃借人である園は、実際に賃貸住宅を使用させる保育者を被保険者とした、火災保険の特約の個人賠償責任保険に加入している可能性が高いです。保険会社に問い合わせてください。

　園が、火災保険の特約の同保険に加入をしている場合は、被保険者である保育者個人は、事故の相手方の治療費や通院交通費等の実費や、慰謝料（いわゆる「お見舞金」）を保険金として支払ってもらうことができます。

　また、被害者との間の示談交渉を行ってくれる特約が付帯している場合もあります。ただし、こういった特約が付帯していない場合には、保育者個人が相手方と直接示談交渉をしたくないのであれば、別途、弁護士に交渉を委任する必要があります。

3 再発防止策

　園の近隣で保育者が事故を起こすと、園は、地域の信頼を損ねる可能性があります。

　園の保育者の誰にでも起こり得ることです。事故を起こした保育者の個人名は伏せた上で、園の保育者間で、事故が起きた事実や原因を共有しましょう。

　保育者各人がそれぞれ交通安全に注意しながら通勤するよう、改めて気を引き締めることが重要です。

先輩保育士・保育教諭からのアドバイス

　帰宅途中に自転車で事故を起こしてしまい、相手方から交番に行こうと言われ、交番で事故の報告などの手続をしました。事故の場所が園の近くだったので、園の評判を落とすといけないと思い、最後まで自分の勤務先は教えませんでした。

　園に弁護士さんを紹介してもらい、後の交渉は委ねました。後に、私が事故の際に丁寧に謝ったことと、翌日に相手方に再度お詫びの電話連絡をし、「怪我の具合はどうですか？」と気遣う言葉をかけたことを、相手方は高く評価していた、と弁護士さんから聞きました。

　どんな状況でも礼儀正しく誠実に対応したことが良かったと思います。

第2　不祥事

56　保育士・保育教諭の財布からお金が失くなったと騒ぎになっていたら

相談内容　ある保育者が、勤務中に園のロッカーにしまっていたバッグの中の財布から1万円札が1枚、抜かれていると騒ぎ出しました。

先週も千円札が数枚、財布から抜かれた気がしていたが、自分の勘違いかもしれないと思い、その時は話さなかったということです。

ロッカーに鍵は付いていますが、保育者は誰も鍵をかけていませんでした。どのように対応すべきでしょうか。

ポイント

① 園は、犯行時刻をある程度特定し、その時間帯にそれぞれの保育者が何をしていたか、犯人に心当たりはないかを聞き取ります。できる限りの調査をすべきですが、園は捜査機関ではないので、調査には限界があります。

② 被害に遭った保育者は、被害届を出して警察に捜査を求めることができます。その場合、園や他の保育者は警察の捜査に協力します。

回答

1　困りごとの診断

本ケースでは、そもそも、その保育者の財布に1万円札が入っていた

のか、ということ自体明らかになっていません。そのため、その保育者の勘違いの可能性もあります。しかし、実際に園内で盗難が起こった可能性も排除できません。そこで、園としては可能な限りの調査を行います。

園は、保育者が勤務中に貴重品を管理できる鍵付きのロッカーを提供していたのですから、園の対応に落ち度があったとはいえません。

もっとも、鍵付きのロッカーを提供していた場合でも、例えば、「ロッカーのある更衣室に入るために通る事務室には、必ず誰かがいるから、鍵をかける必要はない」と保育者に説明していたなど、保育者が鍵をかけなかったことについて園に原因がある場合には、園にも責任が生じる可能性があります。

2　対応方法

(1)　園での調査

まず、被害に遭った保育者に、盗難の詳細を聞き取ります。

例えば、①勤務前のいつまでは、紛失した1万円札が確実に自分の財布に入っていたことを確認しているのか、②バッグをロッカーにしまった後、一切、財布を取り出す機会はなかったのか、③紛失に気が付いたのはいつか、等です。

そして、犯行が行われたと考えられる時間帯を特定し、その時間帯にそれぞれの保育者が何をしていたかを全員から聞き取ります。

その際、今回の盗難に関して何か心当たりはないかも尋ねてください。良心の呵責に耐えかねてか、犯人から怪しい発言が出てくる場合もあります。

本ケースでは被害が現金ですので、所持品を調査してもそれぞれの保育者が所持する現金の真の所有者は不明であり、無意味です。なお、被害が現金でなく、園が保育者の所持品の調査を行う場合でも強制す

第4章　保育士・保育教諭のトラブル・人間関係に関する相談　213

ることはできず、あくまで任意での協力をお願いすることになります。
　(2)　警察の捜査
　園での調査には限界がありますので、被害に遭った保育者が、警察の捜査を望む場合には、被害届を出してもらいましょう。
　その場合、園や他の保育者は警察の捜査に協力します。
　警察が園に来ると、園に通う保護者らは心配をするでしょうから、捜査に来る日時が明らかになり次第、保護者に対しても、簡単なお知らせをしておく方が望ましいと考えます。

3　再発防止策

　チームワークの良さや、園児のお手本としての姿が求められる教育・保育の現場で、保育者相互間で不信が募ったり、保育者の中から犯罪者を出したりすることは避けなければいけません。
　保育者相互間の信頼は大事にしつつ、その信頼を裏切る事件が起きないよう、ロッカーの鍵をかけることはもちろん、貴重品の管理は各自が責任をもって行うことを徹底しましょう。

先輩保育士・保育教諭からのアドバイス

　職場では、鍵付きのロッカーが貸与されているのに、ついつい面倒くさがって、鍵をかけずに財布入りのバッグをしまい、1万円札が消えたことがありました。
　理事長が職員全員から聞き取りをしてくださり、私も自分の不注意で職場の皆様にご迷惑をお掛けして、本当に申し訳ないと話しました。
　理事長は、「全員から聞き取りをした結果、皆、素晴らしい職員たちであることを改めて感じたので、大切にしたい」と仰り、お見舞金として、理事長から1万円を支給していただきました。

57 保育士・保育教諭の間である保育者が虐待しているのではとのうわさがあったら

相談内容　当園の保育者の間で、ある保育者が園児に虐待をしているのでは、といううわさがあります。

保育者の言うことを聞かない園児を、トイレの個室や園庭の隅など人目に付かない所に連れて行って罵倒しているようです。給食時に床にこぼした食べ物を再び食べさせていたといううわさもあります。

どう対応したらよいでしょうか。

ポイント

① 事実調査を行い、園としての結論を出します。弁護士等の専門家の協力を得ることも考えます。
② 虐待が生じないように、研修の実施はもちろん、日頃から相互監視の体制や上層部に通報する手段を用意します。

回答

1　困りごとの診断

本ケースでは、園児への虐待のうわさのある保育者への対応をお悩みです。

保育者や保護者に限らず、何人も、児童を虐待することは禁止されています（児童虐待3）。

多くの園は、子ども・子育て支援法に定める「特定教育・保育施設」（子育て支援27①）に該当することでしょう。その運営基準（特定教育・保育施設及び特定地域型保育事業並びに特定子ども・子育て支援施設等の運営に関する基準）にも、虐待等の禁止（同基準25）や、虐待防止

のための規程を定めること（同基準20十）が規定されています。

本ケースのような虐待が事実であれば、園は保育者に対し適正な懲戒処分（懲戒解雇、諭旨解雇等）を下す必要があります。そして、被害園児の保護者に対し、十分な謝罪と賠償を行う必要があります。

また、態様により暴行罪（刑208）、強要罪（刑223①）に該当する可能性もあります。園としては刑事告発（刑訴239）をすることも考えられます。

2　対応方法

本ケースでは、事実を調査することが大切です。防犯カメラなど客観的な資料がある場合には、その内容を確認することになりますが、そうでない場合、又はそれだけでは事実関係が確認できない場合には、聞き取りを行って事実の調査を行います。

まずは、うわさの加害保育者以外の保育者から、いつ（日時）、どこで（場所）、誰に対し（被害園児）、どのような虐待が行われた（虐待の内容）と聞いたり（伝聞）見たり（目撃）したのかを個別に聞き取りします。聞き取りの内容は、要約せずに、そのままの表現で文書に記録しておいてください。聞き取りや記録の作成の担当者や日時についても記録に残しましょう。

次に、被害園児とされる園児から聞き取りができそうであれば、聞き取りをします。聞き取りができるかは、被害園児の年齢や発達の程度、虐待とされる出来事からの時間がどの程度経過したかなどを判断して決めてください。

最後に、周囲からの聞き取りの結果を踏まえて、うわさの加害保育者に対して、虐待が疑われる行為について聞き取りを行うことになります。虐待が事実であると考えられる場合には、弁明の機会を与えるという意味合いもあります。虐待は事実であると認めるかもしれませんし、何らかの反論をするかもしれません。場合によっては、この反

論の内容を踏まえて、更に他の保育者へ聞き取りを行います。

全ての聞き取りを終えたら、園として、事実調査の結果について判断し、これを踏まえての対応について結論を出します。

これらの事実調査や園としての結論を出すことに不安がある場合は、弁護士等の専門家に協力を求めてください。

3　再発防止策

虐待を行う機会を与えない、すなわち、相互監視を強めて、保育者が他の保育者の目の届かないところで、園児と二人きりになる状況を作らないような体制を整えることが重要です。園内の死角になりそうな箇所に監視カメラを設置することも考えられます。

虐待かな、と思ったときに、すぐに他の保育者に相談できるような手段を用意しておくことも求められます。園が公式に理事長や園長等の上司への通報窓口を設けてもよいですし、主任や先輩保育者が、いつでも現場の保育者からの相談に乗り、それを必ず上層部に伝えるという方法でも構いません。現場のリスクが上層部に届く仕組みを整えましょう。

> **他園の園長からのアドバイス**
>
> 他の保育者から、ある保育者がトイレで虐待をしているかもしれないと伝えられました。
>
> トイレの入口に防犯カメラがあるので、録画を見てみると、3分以上も特定の園児とトイレに入ったままで、出てきたときにはその園児が泣いている様子が映っていました。虐待の可能性が強いので、この保育者を解雇しようと思いました。
>
> この録画の話をし、当該保育者に事情を尋ねると、直接の問いには答えず、「明日からもう園を辞める」と言うので、退職してもらいました。

58 男性保育士・保育教諭が園児にわいせつ行為を行っていたことが発覚したら

相談内容　園児の保護者から、「園児がある男性保育者から『トイレで変なことをされた』と言っているので、事実を確かめてほしい」との要望がありました。

その男性保育者に話を聞くと、当初は否定しましたが、強い調子で問い詰めたところ、わいせつ行為を行ったことを自白しました。

まずはその男性保育者を園に来させないように自宅待機を命じたのですが、これからどう対応すればよいのでしょうか。

ポイント

① 加害保育者に対しては刑事告発や懲戒処分を検討します。
② 被害園児の保護者に対しては、事実を報告し、謝罪と賠償、取り得る手段についての検討をします。
③ 行政には逐一報告し、保護者説明会の開催の要否については、被害園児の保護者の意向を最優先にしてください。

回答

1　困りごとの診断

本ケースでは、加害保育者、被害園児及びその保護者、園の他の保護者への対応をそれぞれ検討する必要があります。

このケースで最優先すべきは、性犯罪被害者である園児の健全な発育です。小児精神科医や臨床心理士等の専門家とも連携して、被害園児の心の傷が残らないよう、適切な処置を施す必要があります。

また、被害園児が第三者に特定されると、二次被害、三次被害を生みかねないので、被害園児の特定は何としても避けるようにします。

2 対応方法

(1) 加害保育者に対して

加害保育者は後日、刑事訴追をされることを恐れて、自白を撤回するおそれがあります。一刻も早く、書面に自分が何をしたかを直筆で書かせ、署名押印をさせてください。

また、書面にすることに応じない場合でも、加害保育者とのやり取りは全て録音しておいてください。加害保育者との対応は、後で「脅されて話した」などと言われないよう、会話の状況を証言できるように複数人で行うことが望ましいです。

園として刑事告発（刑訴239）をすることも考えられます。しかし、警察の捜査が被害園児への負担になるおそれもありますので、刑事告発をするか否かは被害園児の保護者とよく話し合って決めてください。

園としては、懲戒処分にすることが適当であると考えますので、園の就業規則にのっとって処分を下します。

なお、下記(2)イで述べる損害賠償金を、園が被害園児に対して支払った場合には、園は、それによる損害について加害保育者に対して損害賠償請求をすることが考えられます。

(2) 被害園児及びその保護者に対して

　ア　謝罪

加害保育者の自白を伝え、園として被害を防げなかったことを真摯にお詫びします。

　イ　賠償

加害保育者は不法行為責任（民709）を負います。そして、園の被用

者である保育者の保育中（業務執行中）の不法行為ですので、園は使用者責任（民715）を負う可能性があります。

また、加害保育者の行為は、園の履行補助者である保育者の故意に基づく債務不履行行為ですので、園は保護者との利用契約に基づく安全配慮義務違反の債務不履行責任（民415）を負う可能性が高いです。

いずれの法律構成に基づくにせよ、園は損害賠償責任を負うことになると考えられ、被害園児の保護者から慰謝料等の請求があった場合は、損害賠償金を支払うことになります。

　　　ウ　原因究明・再発防止

被害園児の保護者に、原因究明のために、他の保育者にわいせつ行為の詳細や被害園児の名前を伝える許可を求めた上で、園として原因を究明し、再発防止策を考え、結果を被害園児の保護者に説明します。

保護者が加害保育者との直接の話合いや謝罪を求めた場合には、園は話合いの場を設定し、必要に応じて立ち会います。

加害保育者の行為は、強制わいせつ罪（6か月以上10年以下の懲役刑（刑176））に該当する犯罪行為です。被害園児の保護者が告訴（刑訴230）をしたいと望む場合は、園としても警察の捜査に協力するようにします。

　(3)　園の他の保護者に対して

被害園児の保護者から、他の保護者へも事実を知らせてほしいとの要望があれば、保護者会を開くことを検討します。

逆に、二次被害・三次被害を防ぐために、事実を一切公表しないでほしいという要望があれば、他の保育者にも厳格な箝口令を敷いて、事実が一切漏れないようにします。

　(4)　行政に対して

事件が発覚した直後から、行政に対しては逐一報告し、相談しながら解決に当たるようにします。

3 再発防止策

　本ケースの犯罪がどうして起こってしまったのか、原因を分析します。他の保育者たち一人一人から、当該保育者に不審な点はなかったか、犯行が行われていた際には何をしていたのかを聞き取りをし、どうすれば犯行を防げたかを園で考える必要があります。

　園の死角になりそうな場所には防犯カメラを設置する、保育者の相互監視が効くように保育者同士は必ずペアで教育・保育する、保育者が何か不審な点に気がついたらすぐに上層部に報告できるような窓口を作る、男性保育者を対象とする研修を充実させるなど、考えられるあらゆる対策を講じ、二度と性犯罪被害を出さない体制にすることが求められます。

> **他園の園長からのアドバイス**
>
> 　保育士養成校の男性をインターンで雇った時に、その男性インターンがあるSNSで小児性愛の性癖を披露するイラストを多数投稿しているのを園の保育者が見つけました。その男性インターンと話をし、内定は取り消し、インターンも辞めてもらい、養成校にも知らせました。

第3 人間関係

59 高齢で園にほとんど出勤しない園長がいたら

相談内容　当園は個人立の園で、園長は私の姉ですが、高齢で園にほとんど出勤しません。

弟である私が副園長として、実質的には園長の役割を担っています。園長がほとんど園に出勤しないので、保育士・保育教諭も保護者の方々も、私を園長のように扱っています。

園長を退くことを何度も姉に提言したのですが、給与をもらえなくなるのが嫌なのか、権限がなくなるのが嫌なのか、理由は分かりませんが決して退こうとしません。

どうしたら姉に園長を辞めてもらえるのでしょうか。

ポイント

① 園が特定教育・保育施設に該当し、施設型給付や委託費等を受領している場合は、園長としての業務を行っていないにもかかわらず、これに対応する金銭を受け取っていたとすると、公金の詐取に該当するおそれがあります。
② 園長の地位や園長が受け取る金銭の性質について整理し、不透明な金銭の流れが生じないようにする必要があります。

回　答

1　困りごとの診断

本ケースでは、高齢でほとんど出勤しない園長に辞めてもらう方法をお悩みです。

この園長が園には出勤せずとも園長としての業務（組織運営、行政対応、渉外折衝、人事・労務管理、安全管理、保護者対応等）を行っているのであれば、問題はないと考えます。

しかしながら、本ケースでは、相談者が「実質的には園長の役割を担ってい」るとのことで、園長が園長としての業務を行っていないと考えられます。

そして、園長が業務を行っていないのに園長としての業務の対価としての金銭を受け取っていたとすると、この金銭は何の対価なのかが不透明な状態になっているといえます。このため、園が子ども・子育て支援法の特定教育・保育施設に該当し（子育て支援27①）、施設型給付費又は委託費等を受領している場合には、公金の詐取として詐欺罪（刑246）が成立する可能性があります。同時に、行政処分として特定教育・保育施設としての「確認」が取り消される可能性もあります（子育て支援40①四）。

2　対応方法

本ケースの園長は、上記1のような法的リスクについての認識がなく、退任を拒否していることが考えられます。

相談者は、園長の行為が犯罪行為に該当する可能性があることなどのリスクを園長に伝え、園長の地位や園長が受け取る金銭の性質について整理しましょう。

園の存続を危うくする一大事ですので、弁護士等の専門家に相談の上、適切に対処する必要があります。

3　再発防止策

園のコンプライアンス（法令順守）体制の見直しは必須であると考えます。

第4章　保育士・保育教諭のトラブル・人間関係に関する相談

　子ども・子育て支援新制度における認定こども園・保育所の運営主体は、平成27年4月以前から個人立として運営しており特例で施設型給付の対象となっているものを除いては、法人組織に限定されています。

　財政面での優遇措置や、園の存続の安定性確保の観点から、例えば兵庫県姫路市は個人立の園の法人組織への移行を促進しています（平29・6・2社会福祉法人等指導監査説明会　配付資料（姫路市監査指導課）「特定教育・保育施設の指導監査と運営上の主な留意事項について」23・24頁）。

　本ケースでも、体制的に法令違反を許容しにくくなる法人組織に変更することも考えられます。

他園の園長からのアドバイス

　こういうことは絶対にやってはいけないことだと思います。過去に行政の監査に携わっていた方から、似たような不正事例の話を聞いたことがあります。
　こういった場合は、園の保育者が公益通報や内部通報をするしかないのではないかと考えます。

60　園内でパワハラを受けていたら

相談内容　園内で保育士・保育教諭がパワハラを受けていたら、どうしたらよいでしょうか。

　園によっては、ベテランの保育者が、仕事でミスをした新人の保育者を罵倒している場合もありますし、主任が園長から再三理不尽な指示を与えられている場合もあります。

ポイント

① まずは、園の上層部に相談しましょう。園に相談してもパワハラが解決しない場合には、外部の相談機関を利用してください。
② 保育者全員がパワハラ研修を受講する等、パワハラを未然に防ぐ体制を作ることが望まれます。

回　答

1　困りごとの診断

　本ケースでは、園内でパワハラを受けていた場合の保育者の対応をお悩みです。

　まず、職場におけるパワハラ（パワーハラスメント）とは、令和元年の通常国会で改正（令和元年6月5日法律24号で公布され、公布日から起算して1年（中小企業は3年）を超えない範囲内で政令で定める日から施行）された「労働施策の総合的な推進並びに労働者の雇用の安定及び職業生活の充実等に関する法律」（以下「労働施策総合推進法」といいます。）によれば、「職場において行われる優越的な関係を背景とした言動であって、業務上必要かつ相当な範囲を超えたものにより

その雇用する労働者の就業環境が害されること」（改正労働施策総合推進30の2①）をいいます。

現在（上記の改正法施行前）、厚生労働省が示しているパワハラの行為類型は、以下の6つです（厚生労働省職場のいじめ・嫌がらせ問題に関する円卓会議「職場のパワーハラスメントの予防・解決に向けた提言」（平成24年3月15日））。しかし、これら以外の行為もパワハラに該当し得るので注意が必要です。

① 身体的な攻撃（暴行・傷害）
② 精神的な攻撃（脅迫・名誉棄損・侮辱・ひどい暴言）
③ 人間関係からの切り離し（隔離・仲間外し・無視）
④ 過大な要求（業務上明らかに不要なことや遂行不可能なことの強制、仕事の妨害）
⑤ 過小な要求（業務上の合理性なく、能力や経験とかけ離れた程度の低い仕事を命じることや仕事を与えないこと）
⑥ 個の侵害（私的なことに過度に立ち入ること）

具体的にどのような行動がパワハラに当たるかについては、令和元年度内に厚生労働省が指針を定めて公表することになっています。

2　対応方法

まずは、園長や理事長など園の上層部に相談しましょう。

事業主（本ケースの園）は、パワハラにより労働者（本ケースの保育者）の就業環境が害されることのないようにします。また、令和元年法律24号による改正後の労働施策総合推進法では、当該労働者からの相談に応じ、適切に対応するために必要な体制の整備その他の雇用管理上必要な措置を講じる義務を負うことになります（改正労働施策総合推進30の2①）。

園の上層部に相談しても事態が改善しない場合には、園外の相談機

関に相談することが考えられます。相談機関には、各都道府県労働局の総合労働相談コーナーや、都道府県労働委員会、法テラス、法務局・地方法務局・支局内の常設相談所等があります。

3　再発防止策

　厚生労働省雇用環境・均等局公式のパワハラ対策総合情報サイト「あかるい職場応援団」には、パワハラ被害者や事業主が取るべき方策について、詳しく説明されています。

　パワハラ被害を受けている保育者は、このようなサイトも参考にして、パワハラに正しく対処しましょう。

　事業主である園には、保育者に対し、「職場（園）のハラスメント」についての研修を実施したり、パワハラ防止規程を周知させたりなどして、園全体でパワハラを許さないという姿勢を明確に打ち出すことが望まれます。

他園の園長からのアドバイス

　当園では、就業規則にパワハラを明確に禁止した規定を入れています。また、内部通報窓口もありますので、パワハラ被害を受けた保育者は、内部通報をすることができます。

　教育・保育の現場でよくあるのが、いわゆる「お局さん」の問題です。「お局さん」がいると、若手保育者の離職率が高まってしまいます。そこで、当園では360度評価（上司、同僚など、立場や対象者との関係が異なる複数の者による評価）を取り入れています。

　360度評価の結果次第では、給与も賞与も下がりますので、当園には、後輩に対してパワハラをするような先輩保育者はいません。

61 保育士・保育教諭がDV被害に遭っていたら

相談内容　他の保育者から聞いた話だと、園の保育者がDV（配偶者からの暴力）被害に遭っているようです。

外傷で何度も受診していますし、態度が投げやりなようにも見えます。精神的にも不安定で、園児や他の保育者に対してきついものの言い方をすることがあるので、そのようなときにはすぐに注意をしています。

当該保育者のDVの問題を解決しないと、園の運営にも影響が及ぶと考えます。どうしたらよいでしょうか。

ポイント

① DV被害の相談機関に関する情報を提供し、相談に行くことを強く勧めましょう。
② 園が行う保育者の研修等に、DVへの適切な対応について学ぶ研修を加えることも考えられます。

回答

1　困りごとの診断

本ケースでは、配偶者暴力（以下「DV」といいます。）被害に遭っている園の保育者への対応をお悩みです。

DVとは、日本では一般に、「配偶者や恋人など親密な関係にある、又はあった者から振るわれる暴力」という意味で使用されることが多いです。「配偶者からの暴力の防止及び被害者の保護等に関する法律」

（いわゆるDV防止法）では、DVを「配偶者からの身体に対する暴力」又は「これに準ずる心身に有害な影響を及ぼす言動」をいうと定義しています（配偶者暴力1①）。

DVは、犯罪となる行為をも含む重大な人権侵害です。DVの被害者であるという自覚がない人もいるため、DVについての情報提供も大切です。

DVの被害を受けている可能性のある人を見つけたときは、その状況に応じて相談機関に関する情報を提供し、相談することを勧めることが重要です。

特に、配偶者からの身体的暴力を発見した者は、関係機関（配偶者暴力相談支援センター又は警察官）に通報するように努める義務があります（配偶者暴力6①）。なお、各機関は、通報者の氏名を公にしないよう配慮しています。

DV防止法の概要図は後掲 参考資料 のとおりです。

2　対応方法

DV被害に関して相談を受ける機関としては、各都道府県が設置している婦人相談所（配偶者暴力3①）、市町村の配偶者暴力相談支援センター（配偶者暴力3②）、警察、福祉事務所、弁護士会の法律相談、DV被害者を保護する民間団体などがあります。

園は、本ケースの保育者に対して、これらの相談機関に関する情報を提供し、相談することを勧めてください。DV被害が深刻化して取り返しがつかなくなる前に、早急に相談に行くことが重要です。

3　再発防止策

本ケースとは異なりますが、「デートDV」という言葉を耳にされたことがある方も多いと思います。交際相手からの暴力がエスカレート

し、ストーカー行為や暴行傷害へと発展する可能性がある場合は、警察への相談を強く勧め、保育者の安全の確保を図ってください。

保育者には女性が多く、また、DV・デートDV被害者の多くも女性であるのが現実です。

また、DV加害者の4割は子どもに対しても暴力を振るっているという調査結果があります（東京都『配偶者暴力被害者支援ハンドブック』6頁（東京都生活文化局都民生活部男女平等参画課、2019））。

園が行う保育者の研修等に、DVへの適切な対応方法を学ぶ研修を加えることも考えられます。

> **他園の園長からのアドバイス**
>
> 当園では経験がありませんが、このような場合は、顧問弁護士を紹介して、相談に乗ってもらうようにすると思います。

参考資料
○DV防止法の概要（チャート）

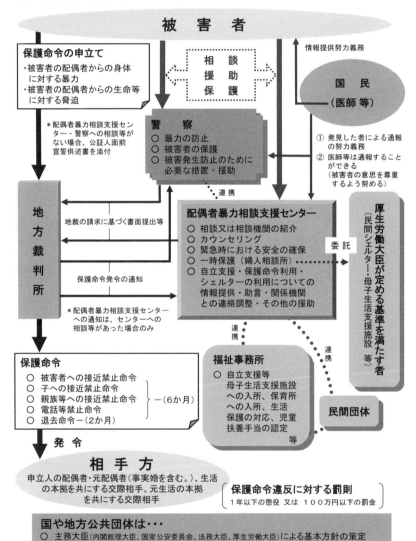

（出典：内閣府ホームページ（http://www.gender.go.jp/policy/no_violence/e-vaw/law/pdf/140527dv_panfu.pdf（2019.9.17）））

62 コミュニケーションの一環として原則参加の飲み会を開催したいが

相談内容　当園では全員参加の飲み会はありません。気の合う保育士・保育教諭たちが、それぞれ一緒に食事に行ったり飲みに行ったりしているようです。

　コミュニケーションを深める手段として、原則全員参加の飲み会を、行事の後の打上げや、忘年会、暑気払いなどで行いたいと考えているのですが、問題はありますか。

ポイント

① 原則参加と園が参加を強制する場合は、飲み会は労働時間となります。
② コミュニケーションを深める手段として飲み会がふさわしいのかは再考の余地があると考えます。

回　答

1　困りごとの診断

　本ケースでは、原則全員参加の飲み会を開催したいが、問題はないかをお悩みです。

　まず、「労働者が使用者の指揮命令下に置かれている時間」を労働時間といいます（最判平12・3・9労判778・14）。

　本ケースの飲み会は、「原則全員参加」という、園が保育者の参加を義務付けるものです。

　そのため、労働者（本ケースの保育者）は、使用者（本ケースの園）の指揮命令下に置かれているものと判断され、労働時間となります。「コミュニケーションを深める手段」としての飲み会ですから、その

費用は業務運営に必要な経費ですので、飲み会の費用は園が負担してください。

また、保育者に対し、飲み会の時間に対する賃金の支払も必要です（労契6）。飲み会の時間まで含むと1日8時間を超えた時間外労働となっている場合には、割増賃金の支払が必要です（労基37）。

2　対応方法

本ケースでは、既に気の合う保育者同士で食事に行ったり飲みに行ったりしているとのことです。

そうであるとすると、保育者同士で食事に行ったり飲みに行ったりしていない保育者には、それぞれ事情があると考えるのが自然です。

そんな中、あえて全員参加の職場の飲み会を開催することが、本当にコミュニケーションを深める手段となるのか、保育者たちの意見も聞いて検討してください。

3　再発防止策

労働時間以外は職場の人間関係から解放されたいと願う労働者も多いのが現実です。

例えば、行事の終了後に保育者にお茶とお菓子を提供して簡単な茶話会兼振り返りの会を行うなど、時間外労働にならない範囲で親睦を深める方法は他にもあると考えます。

保育者たちの労働時間外の自由な時間は確保しつつ、園内の人間関係を良くする方法を考えてください。

他園の園長からのアドバイス

> 原則参加ということなので、当園であれば飲み会の時間も出勤時間として賃金を支払いますし、それが時間外であれば時間外手当を支給することになります。

| コラム | 職場の人間関係をより良くするにはどのような工夫をすればよいか |

　組織内の人間関係が良好であることは、職員に長く働き続けてもらうことのできる職場づくりにおいて欠かせない要素です。保育業界とて例外ではなく、各種の調査でも「職場の人間関係」は賃金や業務負担、妊娠・出産などのライフステージの変化と並び、離職理由の主たる一つとされています。また近年は保育関係者向けの書籍・雑誌やセミナー等で「同僚性」「チームビルディング」といった言葉が頻繁に取り上げられるようになっています。仲間意識、チーム力向上といった意味合いを持つこれらの語が業界に定着しつつあることも、人間関係が組織の安定と職員の幸福の重要な成立要件となっていることの証左でしょう。

　行事後の打ち上げや歓送迎会・忘年会といった懇親機会の設定は、職員同士の距離を縮め、関係性を良くする言わば日常の潤滑油として、どの園でも行われています。最近はこれに加え、コミュニケーションやアンガーマネジメント（感情のコントロール）を園内研修のテーマとして、他人と関わるときの言葉・表情や傾聴する姿勢、怒り・不満などのネガティブな感情に左右されることなく物事を捉え、他者に接する意識などについて学ぼうとする園や、職員同士で互いにカードを贈り合うなどの方法で、日頃の感謝や相手の美点・長所への称賛を伝え合っている園もよく見られます。また会議を行う際に、「どんな意見でもまずは耳を傾け、かつ否定しない」というルールを設け、若手や口下手な職員も意見を言いやすくするとともに、発言が受け入れられ、認められる実感が持てるようにしている園もあります。

　これらの試みやテーマに共通するのは、「他者を認め、受容する」

という心の持ち方と視点です。価値観は人それぞれに異なるもの、また物事の得手不得手や経験・知識の差は誰にでも、ほかならぬ自分にもあるものという前提に立ち、立場の上下や好き嫌いにかかわらずまずは相手を尊重し、受け入れる。それを人と関わる上での基本姿勢とすることで、相手の失敗や欠点、こちらの期待に沿わないところなどよりも、評価すべき点や感謝すべき面にこそ目を向ける心の習慣を持ったり、相手を 慮(おもんぱか)り自分を見つめ、自身の言葉や表情・態度が相手にどのような印象を与え、どのような思いを起こさせるかを常に意識したりできるようにするわけです。

　また「忙（しい）」という字は「心を亡くす」と書く、とよく言われますが、人手が足りない中で仕事だけがどんどん増えてゆく近年の現場の状況そのものが、園で働く人々を疲弊させ、子どもにも職場の仲間にも優しくなれなくさせているのでは、という声も、異口同音に聞かれます。仕事に追われるだけの毎日は、相手を思いやったり、ちょっとした言葉のかけ方にも気を遣ったりできる心のゆとりを、私たちから奪ってしまうものです。そうした環境を見直すことも、人間関係をより良くするための大切な処方箋の一つであることは間違いないでしょう。

　こうして見ると、ここでもやはり「子ども同様に職員も一人ひとりが大切にされ、尊重される組織であること」が重要であるということがいえそうです。その実現に向けた第一歩として、役職の有無や雇用形態を問わず、それぞれの職員が自身の心の持ち方を振り返るとともに、働く場としての園の在り様を検証してみることに取り組んでみてはいかがでしょうか。

　　　小出正治
　　（特定非営利活動法人福祉総合評価機構　常務理事）

第 5 章

近隣対応・行政対応に関する相談

第1　近隣対応

63　園の開設を近隣住民から反対されていたら

相談内容　自治体から紹介されたある土地で、新しい園の開設を予定しています。

ところが、「子どもの声がうるさい」とか、「送迎の自転車の往来が不安」などという近隣住民の反対で、開設中止に追い込まれそうになっています。

どのように対応したらよいでしょうか。

ポイント

① 騒音対策、自転車の往来対策を自治体らと協議検討し、結果を近隣住民への説明会で丁寧に説明します。
② 近隣住民からの更なる質問や意見を受けて、再度対策を検討し、結果を報告する、という近隣住民への説明会を繰り返して、信頼関係を築く努力が必要です。

回答

1　困りごとの診断

本ケースでは、園の開設を近隣住民に反対され、対応をお悩みです。

まず、「子どもの声がうるさい」について、権利侵害になるかどうかは、侵害行為の態様、侵害の程度、被侵害利益の性質と内容、当該施設の所在地の地域環境、侵害行為の開始とその後の継続の経過及び状況、その間に採られた被害の防止に関する措置の有無及びその内容、効果等の諸般の事情を総合的に考察して、被害が一般社会生活上受忍

すべき程度を超えるものかどうかによって判断されます（最判平6・3・24判時1501・96等参照）。そのため、園による開設前の近隣住民の生活の平穏を考慮した事前説明会の実施や騒音防止対策実施の状況及び効果が重要になります。

次に、「送迎の自転車の往来が不安」については、具体的な状況によりますが、一般的には、送迎の自転車による現実の事故が起こる前に、「不安」を根拠に園の開設の差止請求をしても、裁判所で認められるとはまず考えられません。また、現実の事故が起こる前に、損害賠償請求を起こすこともできません。ただし、本ケースの具体的な状況を十分に検討し、建物の設計上、送迎の自転車の往来の危険が少しでも減るような工夫ができないか、園の周辺道路の状況はどのようなもので、自転車送迎を禁止するほかない状況なのか、を検討することは必要です。

2　対応方法

まず、騒音については、自治体及び設計者と協議し、騒音を減らすためにできる建物の設計への配慮や防音設備の設置について検討します。送迎の自転車についても、設計者と協議し、送迎自転車の往来の危険を減らせる設計ができるか、もしも園周辺の道路の状況から難しいのであれば、自治体と協議し、園としては自転車での送迎を禁止しても保護者に多大な不利益が生じないかを検討します。

次に、自治体の担当職員及び設計者の同席の下、園が近隣住民に対し、説明会を開きます。その説明会においては、自治体及び設計者と協議し、検討した結果を説明してください。

近隣住民からの質問や要望があれば聞き取り、更に自治体及び設計者と協議をして検討します。そして、更なる検討の結果を近隣住民への説明会で説明します。

第5章　近隣対応・行政対応に関する相談

　これらを繰り返して、近隣住民との間で信頼関係を構築することを目指します。
　これらの園側の協議内容及び検討結果としての対応策、説明会の様子、近隣住民とのやり取りは、逐一議事録等に記録して残してください。
　結果的に、近隣住民との折り合いがつかず、騒音訴訟や園開設の差止訴訟が提起された場合、園が近隣住民に丁寧に対応したことは、裁判上、園に有利に判断されます（後掲 参考裁判例 参照）。

3　再発防止策

　園の開設計画の初期の段階から、近隣住民に丁寧に説明することが大切です。
　自治体の担当職員と一緒に園長予定者が近隣住民宅を一軒一軒回ることも考えられます。
　近隣住民の要望を十分に受け入れて、園も地域の一員として受け入れてもらいたいのだということを誠実に、態度で示しましょう。

他園の園長からのアドバイス

　粘り強く説明会を開催します。
　あまりうまく進展しないようであれば、開設後の近隣住民との関係性を考え、その場所での開設を諦めるのも選択肢のうちの一つだと思います。

参考裁判例
〇保育園の近隣に居住する控訴人が、園児の声などの騒音が受忍限度を超えているとして、保育園を経営する被控訴人に対し、慰謝料の支払と境界線上に防音設備の設置を求めた事案について、保育園からの騒音が発

生する時間帯は毎日約3時間に限定され、控訴人の居住地域は、もともと自動車騒音や電車騒音が連続的・継続的に存在し、同保育園からの騒音による騒音レベルの増加はさほど大きくないこと、同保育園の公益性・公共性は否定できず、保育園開設の経過・被害防止の措置など、被控訴人に不誠実な態度があったとも認められないことから、受忍限度を超えて違法な権利侵害等になるとはいえないとして控訴を棄却した事例（大阪高判平29・7・18（平29（ネ）696））

64 公園を使用している際、近隣の方からクレームがきたら

相談内容 当園の園庭は大変狭いので、外遊びは園の近隣の公園へ行って、行うようにしています。

ところが、「子どもの声が騒がしい」と、近隣の方からクレームが来ました。公園を使用している園は当園だけではないので、同じ公園を使用している他園にもクレームが来ているようです。

どのように対応したらよいでしょうか。

ポイント

① 近隣の方から騒音と感じている内容を聞き取り、その結果を踏まえた上で行政や他園と騒音の軽減のための方法などの解決策を相談しましょう。

② 相談の結果を踏まえて、近隣の方と誠意を持って話し合うとともに、万一、訴訟等となってしまった場合に備えて、対応の内容や経緯について逐一記録を残しておきましょう。

回答

1 困りごとの診断

本ケースでは、公園を使用している際の近隣の方からのクレームに、どう対応すべきかをお悩みです。

まず、「子どもの声が騒がしい」ということですが、権利侵害になるかどうかは、侵害行為の態様、侵害の程度、被侵害利益の性質と内容、当該施設の所在地の地域環境、侵害行為の開始とその後の継続の経過

及び状況、その間に採られた被害の防止に関する措置の有無及びその内容、効果等の諸般の事情を総合的に考察して、被害が一般社会生活上受忍すべき程度を超えるものかどうかによって判断されます（最判平6・3・24判時1501・96等参照）。

そして、例えば、東京都の環境確保条例（正式名称は「都民の健康と安全を確保する環境に関する条例」（平12・12・22東京都条例215））においては、主として子どもの声が発せられる場所であって、子どもが遊びを通じて健やかな成長を図るために必要な場所を、騒音規制基準の適用除外とする場所として列挙しており、その中に公園も含まれます（同条例136・別表第13一、〔東京都〕都民の健康と安全を確保する環境に関する条例施行規則72の2五）。このことから分かるように、公園は子どもが遊びを通じて健やかな成長を図るために高度な公共性を有する場所であるといえます。また、本ケースでは園の園庭は狭いということですので、公園を使用する必要性も高いことでしょう。

行政の公園を管理する部署や、園を管轄する部署、同じ公園を利用する他園とも相談し合って、当該クレームを寄せた近隣の方と、話し合うことが必要です。

2　対応方法

まず、本ケースの近隣の方から、いつのどのような活動を騒音と感じているのかを聞き取りましょう。

次に、行政や本ケースの公園を使用する他園と一緒に、当該問題の解決策を相談します。

その後、相談して決まった解決策を本ケースの近隣の方に説明してください。本ケースの近隣の方から質問や要望があれば聞き取り、更に行政や他園と相談をして再検討します。そして、再検討の結果を本ケースの近隣の方へ説明します。

これらの園と行政、他園との相談内容及び相談結果としての解決策、本ケースの近隣の方への説明の様子や、やり取りは、逐一記録に残してください。

結果的に、本ケースの近隣の方との折り合いがつかず、騒音訴訟等が提起された場合、園が本ケースの近隣の方に誠実に対応したことは、裁判上、園に有利に判断されます。

3 再発防止策

騒音の人体に対する影響は、個人的要因、環境等により著しく左右されるものであるとされています（塩崎勤「騒音・振動に対する差止めについて」判例タイムズ1062号136頁（2001）参照）。「知らない子どもの声は気になるけど、知っている子どもの声は全く気にならない」と感じる方も多いようです。

園の近隣の方とは挨拶や交流をしていても、園の使用する公園の近隣の方との交流までは行っていなかった、ということがあるかもしれません。

園児が活動する範囲を含む広い範囲まで目配りをし、地域全体に開かれた園を目指すことも考えられます。

他園の園長からのアドバイス

公園の使用で近隣の方からクレームがきた経験はありませんが、他園の公園使用と重なることはよくあります。

特に、ある季節には小学校も公園を使用するので、お互い不自由さを感じながら、どうにか使用しています。

公園の使用が重なり公園内の人の数が増えると、引率した園児の人数確認が難しくなるので、常に人数確認を行うことや、不審者を見分けることに気をつける必要があります。

参考裁判例

○住宅地に建設された児童館について、本件児童館使用の必要性が高く、高度の公共性を有しており、また、本件児童館の使用により原告が受けている被害は、被告が周辺地域の環境破壊防止のために講じてきた措置の結果、軽微なものにとどまっているため、諸事情を総合すると、原告の不利益は受忍限度内にあるとして、原告の騒音等の被害を理由とした人格権に基づく本件児童館使用差止請求を棄却した事例（東京地判平3・6・21判タ773・223）

65　園が借り上げている駐車場内で車同士が接触する事故が起きてしまったら

相談内容　園の近隣に10台分の月極駐車場があり、そのうちの3台分を、園の利用者のために借り上げることを予定しています。

その駐車場運営者との契約書には、「駐車場内で、車同士が接触する事故が起きた場合、園が責任を負う」という内容の条項が書かれているのですが、それは正しいのでしょうか。

駐車場内での事故は、その事故を起こした車同士で解決するものだと考えますが、どうしたらよいでしょうか。

ポイント

① 駐車場内での事故であっても、事故の責任は、原則として事故を起こした車の運転者同士が負います。
② 契約書の条項の内容は不合理ですので、削除を求めるか、適切な修正を求めてください。

回答

1　困りごとの診断

本ケースでは、園が借り上げている駐車場内で車同士が接触する事故が起きた場合に、園も責任を負うのかについてお悩みです。

法律上は、駐車場内で車同士が接触する事故が起きてしまった場合、原則として、接触事故を起こしてしまった車の運転者同士が、それぞれの過失割合に応じた責任を負うことになります（民709・722②）。

もしも、その場合に、駐車場を傷つける、破損する等の損害が生じたとしても、それを引き起こした車の運転者が責任を負うことになります（民709）。
　したがって、園が利用者に使用させる駐車場内において、車同士が接触する事故が生じた場合であっても、法律上は、園は責任を負いません。
　しかし、契約において園が責任を負う旨を定めてしまうと、法律上の責任以上の特別の責任の負担を定めたようにも読めてしまうため、問題があります。

2　対応方法

　本ケースの駐車場運営者との契約書の「駐車場内で、車同士が接触する事故が起きた場合、園が責任を負う」という内容の条項は、あまりに理不尽です。
　そもそも、本ケースの駐車場の、他の7台分は園の利用者とすら関係ない車の駐車が想定されています。それにもかかわらず、本ケースの契約書を修正することなく契約してしまうと、園の利用者とも関係がない車同士の接触事故についても園が責任を負う、というようにも読め、おかしな事態になってしまいます。
　法律上、園に責任のないことを駐車場運営者に説明し、本条項は削除してもらいましょう。
　また、削除に応じてもらえない場合は、例えば「駐車場内で、車同士が接触する事故が起きた場合、園は、法律上決められた責任を負う。」と、内容を修正してもらいましょう。

3　再発防止策

　本ケースでは、園の利用者の駐車場として借り上げることになって

います。もし仮に、①園の車や、②園の職員の車を駐車させることがあった場合に、その車が他の車と接触事故を起こしたときには、①は園が責任を負います。②も、園が責任を負う可能性があります。

本ケースのお悩みとは異なりますが、駐車場は幼児の事故も起こりやすいので、園児と一緒の場合は、くれぐれも注意して利用するように、園の利用者にも注意喚起してください。

他園の園長からのアドバイス

当園の駐車場には、注意書きを掲示しています。

その掲示には、事故は本人の責任であることや、監視カメラがあるので、事故時には警察に監視カメラの映像を届け出ることを書いています。

第2　行政対応

66　保育内容（ある園児への配慮）について地方自治体の監査で指摘を受けてしまったら

相談内容　当園に、給食のある特定の食物を食べると身体に発疹・かゆみが出る園児がいます。その園児の保護者に伝えても受診の時間がないとか、診断書にお金がかかるなどと言って、なかなか受診してくれません。

毎回そのような食物アレルギー反応を起こすので、園では、除去食や代替食を提供しています。

しかし、行政の監査で、医師の診断書のない園児に除去食や代替食を提供することは、あるべき栄養摂取の面から問題があるのでやめるように、と口頭で指導されてしまいました。

どのように対応したらよいでしょうか。なお、嘱託医には相談していません。

ポイント

① まずは嘱託医に、当該園児の食物アレルギーにつき、医師の診断書等が出せないかを相談します。
② 保護者を説得しても診断書等が提出されない場合は、それまでの園児の食物アレルギー反応の様子や保護者とのやり取りを記録した文書をもって行政に相談します。

回答

1　困りごとの診断

本ケースでは、医師の診断書のない食物アレルギー反応のある園児

第5章　近隣対応・行政対応に関する相談

への除去食や代替食の提供につき、行政からやめるよう指導を受けて、対応をお悩みです。

本ケースはいくつかの問題が絡み合っています。

まず、「保育所におけるアレルギー対応ガイドライン（2019年改訂版）」（2019年4月）が想定している原則的な対応を確認します（同7頁）。

すると、保護者が園から生活管理指導表をもらい、かかりつけ医に生活管理指導表への記載を依頼し、それを基に園と協議して、給食についての具体的な対応を決めることになっていることが分かります。

本ケースでは、保護者が様々な理由を述べて、かかりつけ医の診断書の取得に応じてくれません。医師からの診断書が無いことを理由に、行政から、食物アレルギー児への配慮をやめるように言われています。

しかし、園としては、現実に当該園児の食物アレルギー反応を何度も目撃した上で、最善の配慮として除去食や代替食を提供しています。行政からの指導に従い、診断書が無いからと除去食や代替食の提供をやめ、万が一当該園児に害が及ぶのは避けなくてはなりません。

2　対応方法

いくつかの対応方法が考えられます。

例えば、本ケースでは、園の嘱託医にはまだ相談をしていないということです。そこで、園の嘱託医に相談をして、園の嘱託医から、医師としての診断書を出したり、医師としての意見書を提出したりしてもらえるのであれば、それを根拠に除去食や代替食の提供を続けることが考えられます。

園の嘱託医の協力が得られない場合は、やはり園児の保護者を説得して、かかりつけ医の診断書を提出するように依頼しましょう。保護者は、事の重大性に気が付いていないのかもしれませんが、園児に必

要な治療を受けさせないというのは、ネグレクトに当たります（児童虐待2三）。

　それでも園児の保護者が医師の診断書を提出しない場合は、それまでの園児の食物アレルギー反応の様子や、保護者とのやり取りを全て文書として記録しておき、園が行うべき当該園児への配慮について、行政に相談することになります。

3　再発防止策

　保育所保育指針（第2章1(2)ア（ウ）②・第2章2(2)ア（ウ）②）及び幼保連携型認定こども園教育・保育要領（第2章第1「ねらい及び内容」「健やかに伸び伸びと育つ」3(2)）には、「食物アレルギーのある子ども（園児）への対応については、嘱託医（学校医）等の指示や協力の下に適切に対応すること。」との記載があります。また、保育所保育指針（第3章1(3)ウ）には、「アレルギー疾患を有する子どもの保育については、保護者と連携し、医師の診断及び指示に基づき、適切な対応を行うこと。また、食物アレルギーに関して、関係機関と連携して、当該保育所の体制構築など、安全な環境の整備を行うこと。看護師や栄養士等が配置されている場合には、その専門性を生かした対応を図ること。」との記載が、幼保連携型認定こども園教育・保育要領（第3章第1・3(3)）には、「アレルギー疾患を有する園児に関しては、保護者と連携し、医師の診断及び指示に基づき、適切な対応を行うこと。また、食物アレルギーに関して、関係機関と連携して、当該幼保連携型認定こども園の体制構築など、安全な環境の整備を行うこと。」との記載があります。

　保護者が適切な対応を取ってくれない場合であっても、園児の最善の利益のために、園で問題を抱え込まず、嘱託医や行政と連携することが望まれます。

第5章　近隣対応・行政対応に関する相談

> 他園の園長からのアドバイス
>
> 　当園でも、医師の診断書が無いが、除去食で対応している園児がいます。
> 　監査の際には事情を話しており、現在のところ、監査で注意されるようなことはありません。

参考法令
○保育所保育指針（平29・3・31厚労告117）
　第2章　保育の内容
　1　乳児保育に関わるねらい及び内容
　　(2)　ねらい及び内容
　　　ア　健やかに伸び伸びと育つ
　　　　（ウ）　内容の取扱い
　　　　　②　健康な心と体を育てるためには望ましい食習慣の形成が重要であることを踏まえ、離乳食が完了期へと徐々に移行する中で、様々な食品に慣れるようにするとともに、和やかな雰囲気の中で食べる喜びや楽しさを味わい、進んで食べようとする気持ちが育つようにすること。なお、食物アレルギーのある子どもへの対応については、嘱託医等の指示や協力の下に適切に対応すること。
　2　1歳以上3歳未満児の保育に関わるねらい及び内容
　　(2)　ねらい及び内容
　　　ア　健　康
　　　　（ウ）　内容の取扱い
　　　　　②　健康な心と体を育てるためには望ましい食習慣の形成が重要であることを踏まえ、ゆったりとした雰囲気の中で食べる喜びや楽しさを味わい、進んで食べようとする気持ちが育つようにすること。なお、食物アレルギーのある子どもへの対応については、嘱託医等の指示や協力の下に適切に対応すること。
　第3章　健康及び安全
　1　子どもの健康支援

(3) 疾病等への対応
　ウ　アレルギー疾患を有する子どもの保育については、保護者と連携し、医師の診断及び指示に基づき、適切な対応を行うこと。また、食物アレルギーに関して、関係機関と連携して、当該保育所の体制構築など、安全な環境の整備を行うこと。看護師や栄養士等が配置されている場合には、その専門性を生かした対応を図ること。

○幼保連携型認定こども園教育・保育要領（平29・3・31内閣・文科・厚労告1）
第2章　ねらい及び内容並びに配慮事項
第1　乳児期の園児の保育に関するねらい及び内容
　ねらい及び内容
　健やかに伸び伸びと育つ
　3　内容の取扱い
　（2）　健康な心と体を育てるためには望ましい食習慣の形成が重要であることを踏まえ、離乳食が完了期へと徐々に移行する中で、様々な食品に慣れるようにするとともに、和やかな雰囲気の中で食べる喜びや楽しさを味わい、進んで食べようとする気持ちが育つようにすること。なお、食物アレルギーのある園児への対応については、学校医等の指示や協力の下に適切に対応すること。
第3章　健康及び安全
第1　健康支援
　3　疾病等への対応
　（3）　アレルギー疾患を有する園児に関しては、保護者と連携し、医師の診断及び指示に基づき、適切な対応を行うこと。また、食物アレルギーに関して、関係機関と連携して、当該幼保連携型認定こども園の体制構築など、安全な環境の整備を行うこと。

第5章　近隣対応・行政対応に関する相談　253

参考資料
○生活管理指導表の活用の流れ

アレルギー疾患を有する子どもの把握
・入園面接時に、アレルギーにより保育所で特別な配慮や管理が必要な場合、保護者から申し出てもらう。
・健康診断や保護者からの申請により、子どもの状況を把握する。

保護者へ生活管理指導表の配付
・保育所と保護者との協議の上、アレルギー疾患により保育所で特別な配慮や管理が求められる場合に、配付する。

医師による生活管理指導表の記入
・かかりつけ医に生活管理指導表の記載を依頼する。(保護者は、保育所における子どもの状況を医師に説明する。)
・保護者は、必要に応じて、その他資料等を保育所に提出する。

保護者との面談
・生活管理指導表を基に、保育所での生活における配慮や管理（環境や行動、服薬等の管理等）や食事の具体的な対応（除去や環境整備等）について、施設長や担当保育士、調理員などの関係する職員と保護者が協議して対応を決める。
・対応内容の確認とともに、情報共有の同意について確認する。

保育所内職員による共通理解
・実施計画書等を作成し、子どもの状況を踏まえた保育所での対応（緊急時含む。）について、職員や嘱託医が共通理解を持つ。
・保育所内で定期的に取組状況について報告等を行う。

対応の見直し
・保護者との協議を通じて、1年に1回以上、子どものアレルギーの状態に応じて、生活管理指導表の再提出等を行う。なお、年度の途中において対応が不要となった場合には、保護者と協議・確認の上で、特別な配慮や管理を終了する。

（厚生労働省ホームページ（https://www.mhlw.go.jp/content/000511242.pdf
（2019.9.17））を加工して作成）

索 引

256

事項索引

【あ】

	ページ
アスペルガー症候群	36
アレルギー食	22
――の解除	23
アレルギー申告表	8
安全配慮義務	13,20
	29,34
	49,96
	163,219
――違反	20

【い】

育児休業	168
――期間中の休職期間の満了	168
慰謝料	35,209
委託費	222
一斉休憩	
――の適用除外	145
衣服の貸出し	79

【う】

うつ病休職	192
うつ病の既往歴	193

【え】

園開設の差止訴訟	239
園児	
――同士のケンカ	29
――の親権者	92
――の身なり	74
――の乱暴な言動	56
――へのわいせつ行為	217
外国籍の――	3,26

【お】

応急処置	34
OJT	105
お迎え時	
――のマナーやモラル	82

【か】

開園前の環境整備	130
解雇	115,193
	196
――の制限	204
――予告期間	178
自己破産を理由とする――	190
試用期間中の――	193
懲戒――	115
普通――	115
諭旨――	115

外国籍
　——家庭の保護者支援　3
　——の園児　3, 26
解約権の留保　193
解約の申入れ　178
課外の授業　13
学習障害　36
過失割合　245
過半数組合　133, 139
借上社宅　183
　園の——の賃貸借契約　184
看護休暇　109
監護権者　93
監護権の侵害　93

【き】

企業秘密　151
虐待　74
　——の疑い　44
　——の防止　43
　身体的——　42
　保育者の——　214
虐待防止マニュアル　42
休業給付　203
休憩
　——の一斉付与　144
　一斉——の適用除外　145
休憩時間　144, 148
　——中の外出　148
　——の外出許可制　149

休日労働　134
休職命令　115, 164
教育訓練　127
競業避止義務　154
　——違反　155
行政
　——ADR　128
　——の立会い　87
強制わいせつ罪　219
共同親権　91
共同親権者　93
業務命令　124
強要罪　215

【く】

苦情
　——受付窓口　88
　——解決の仕組み　88
クレーム　33, 62
　　　　　88

【け】

刑事告発　215
ケンカ
　園児同士の——　29
兼業　153
　——の禁止　151
兼業禁止規定　154
　——違反　155

研修
　——参加費の自己負担　124
権利濫用　175

【こ】

合意解約　196
広汎性発達障害　36
個人情報　42
　——保護の例外　43
個人賠償責任保険　209
午睡
　——の有無　69
　——の時間　69
　——の必要性　69
子の引渡し　93
コンプライアンス（法令順守）体制　222

【さ】

裁判外紛争解決手続（行政ADR）　128
債務不履行　79
差止訴訟
　園開設の——　239
36（サブロク）協定　133,139
残業　140
　——時間の端数処理　134
　——命令書　135
　早出——代　132
　持ち帰り——　137

産前産後の休業　167
　——を理由とする不利益取扱い　167

【し】

時間外労働　134,139,140
　——の制限　109
時季変更権　160,181
　——の行使　181
始業時刻前
　——の環境整備　130
　——の準備行為　131
自己破産　190
　——を理由とする解雇　190
辞職　178,196
施設
　——の瑕疵　13
施設型給付費　222
事前説明会　238
時短勤務保育者　108
湿疹　74
シッター業　151
児童委員　75
児童虐待　45
児童相談所　44,45,75
児童発達支援センター　50
シフト勤務　112
自閉症　36
自閉症スペクトラム　49

謝罪
　園からの―― 218
就業規則 186
宗教上摂取できない食物 26
重要事項説明書 5, 20, 80
受診命令 163
守秘義務 43, 150
　――違反 43
巡回支援専門員 37
順守事項
　保護者の―― 82
障害児保育 51
傷害保険 35
試用期間 192
　――中の解雇 193
使用者責任 85, 86
　園の―― 219
使用貸借契約 79, 184
傷病休職 166
消滅時効 156
賞与 127
除去食 24, 249
処遇改善制度 199
嘱託医 34, 37
食中毒 7, 8
職場
　――の人間関係 233
職場結婚 175
食品チェック表 26
食物
　宗教上摂取できない―― 26

食物アレルギー 22
　――の有無 7
　――の原因食物 8, 23
　――の新規発症 23
食物アレルギー児 249
所定外労働
　――の制限 109
所定労働時間
　――の短縮 109
信義誠実の原則 154
信教の自由 3, 25
親権者
　園児の―― 92
身体的虐待 42
診断書 22, 23
審判前の保全処分 92
深夜業 134
　――の制限 109

【せ】

生活管理指導表 23
正規保育者 127
　無期雇用の―― 173
責任能力 30
責任無能力者 30
全員参加の飲み会 231

【そ】

騒音 243
　――規制基準の適用除外 242

——訴訟	239,243		【つ】	
——防止対策	238			
損害賠償義務		通院交通費	35,209	
保育者の——	186	通勤	204	
損害賠償請求	79	通勤災害	204	
損害賠償責任	79			
園の——	219		【て】	
		定年退職	196	
【た】		DV	227	
		DV防止法	228	
第三者委員	87,88	デートDV	228	
退職	196			
——の予告期間	187		【と】	
退職勧奨	196			
退職届	188	盗難	212	
代替食	249	特定教育・保育施設	214,222	
短時間正規職員	112,113	ドレスコード	118	
短時間・有期雇用労働者	127			
			【に】	
【ち】				
		二重就業	151,153	
地方自治体の監査	248	——の許可	155	
注意欠陥多動性障害	36	入園のしおり	20,80	
駐車場内の事故	245			
懲戒解雇	115		【ね】	
懲戒処分	115			
治療費	30,35 209	ネグレクト	45,74	
賃貸借契約				
園の借上社宅の——	184			

事項索引　　261

【の】

ノーワークノーペイの原則	114
飲み会	
全員参加の――	231

【は】

ハーグ条約	93
パート職員	113
配偶者控除・配偶者特別控除	200
配偶者暴力	227
配偶者暴力相談支援センター	228
配置基準	145
配置転換	172, 175
配転命令	172, 174
働き方改革	140
働き方改革推進支援センター	140
発達障害	36, 51
――の疑い	39
――の特性	40
発達障害者支援センター	37, 50
発達障害情報・支援センター	38
パニック	39
早出残業代	132
パワハラ（パワーハラスメント）	224
――の行為類型	225
パワハラ防止規程	226

【ひ】

引渡し	
子の――	93
非常勤職員	200
非正規保育者	127
病気休職	166

【ふ】

ファミリーサポートセンター	21
副業	151
福祉事務所	44, 45, 74
服務規律違反	114
服務規律規定	120
父子家庭	45
普通解雇	115
不法行為	30, 79, 85
不法行為責任	85
紛失物	15

【へ】

弁護士会	96
返戻金制度	102

【ほ】

保育士等キャリアアップ研修	51

事項索引

保育者
　　――の加配　　50
　　――の虐待　　214
　　――の損害賠償義務　　186
　　時短勤務――　　108
暴行罪　　215
法定代理人　　30
法定労働時間　　133, 134, 139, 140
法テラス　　96
ホームヘルパー派遣事業　　46
法令順守体制　　222
保護者
　　――同士のトラブル　　65, 96
　　――との不貞行為　　85
　　――との連絡先の交換　　120
　　――の言葉遣いの悪さ　　56
　　――の順守事項　　82
本採用拒否　　193

【み】

未成年者略取罪　　92
身なり
　　園児の――　　74
民生委員　　96

【む】

無期雇用就職者　　103
無期雇用の正規保育者　　173
無料法律相談　　96

【め】

メンタルヘルス不調　　162
　　――の疑い　　163

【も】

持ち帰り残業　　137

【ゆ】

有給休暇　　157, 160
　　――の一括消化　　180
　　――の買上げ　　157
　　――の取得時季の変更　　160
遊具　　61
有料職業紹介契約　　102
有料職業紹介事業者　　102
諭旨解雇　　115

【よ】

要保護児童対策地域協議会　　43
予告期間
　　退職の――　　187

【ら】

乱暴な言動
　　園児の――　　56

【り】

利益の相反	84, 85
リハビリ出勤	168
留保解約権	193
療育センター	38, 41, 51
療養給付	203

【ろ】

労働契約	
――の一方的解約	178
――の解約	186
――の終了	196
労働時間	
労働基準法上の――	131

【わ】

ワーク・ライフバランス	111
わいせつ行為	
園児への――	217
割増賃金	134

保育現場における
困りごと相談ハンドブック
－保育士・保育教諭のお悩み解決のために－

令和元年10月24日　初版発行

著者　木元有香
発行者　新日本法規出版株式会社
代表者　星　謙一郎

発行所	新日本法規出版株式会社	
本　社 総轄本部	(460-8455)	名古屋市中区栄1－23－20 電話　代表　052(211)1525
東京本社	(162-8407)	東京都新宿区市谷砂土原町2－6 電話　代表　03(3269)2220
支　社	札幌・仙台・東京・関東・名古屋・大阪・広島 高松・福岡	
ホームページ	https://www.sn-hoki.co.jp/	

※本書の無断転載・複製は、著作権法上の例外を除き禁じられています。
※落丁・乱丁本はお取替えします。　　　　ISBN978-4-7882-8630-6
5100090　保育相談　　　　　　　　　　Ⓒ木元有香 2019 Printed in Japan